KLIMASCHUTZ OHNE PLAUSIBLEN PLAN?

FSC
www.fsc.org
MIX
Papier aus ver-
antwortungsvollen
Quellen
Paper from
responsible sources
FSC® C105338

KLIMASCHUTZ OHNE PLAUSIBLEN PLAN?

Wolfgang Fröhling

Für Waltraud

Inhaltsübersicht

I. Nachhaltige Entwicklung

Die Erkenntnis, dass auf unserem Planeten eine nachhaltige Entwicklung stattfinden muss, ist in aller Munde. Aber was bedeutet Nachhaltigkeit? Vereinfacht formuliert bedeutet Nachhaltigkeit eine dauerhaft durchhaltbare Lebensweise. Eine andere Formulierung besagt, **die natürlichen Ressourcen in einer Weise zu nutzen, dass sie auch künftigen Generationen in ausreichender Menge und Qualität zur Verfügung stehen.** Dieser Gedanke kommt auch in Art. 20 a des Grundgesetzes zum Ausdruck: „Der Staat schützt auch in Verantwortung für die künftigen Generationen die natürlichen Lebensgrundlagen und die Tiere im Rahmen der verfassungsmäßigen Ordnung…"

Die Nachhaltigkeit berührt viele Aspekte. Von herausragender Bedeutung sind der Klimaschutz, die Ressourcenschonung und die Artenvielfalt. Der **Klimaschutz** ist Gegenstand dieses Buches. Auf die beiden anderen Aspekte möchte ich kurz eingehen.

Ressourcenschonung: Die starke Zunahme der Weltbevölkerung und die Industrialisierung haben dazu geführt, dass sich bei vielen Rohstoffen ein Engpass abzeichnet. Beispiele sind Phosphor, Metalle wie z.B. Kupfer und viele andere Stoffe. Die Antwort auf dieses immer größer werdende Problem ist eine **Kreislaufwirtschaft**, d.h. die primären Rohstoffe werden durch Recycling als sekundäre Rohstoffe in den Wirtschaftskreislauf zurückgeführt.

In wieweit Recycling gelingt oder gelingen kann, lässt sich nur für jeden einzelnen Stoff gesondert beurteilen. Z.B. übertrifft in Deutschland die Produktion von Aluminium aus gebrauchten Produkten (Recycling) bereits die Produktion von Primär-Aluminium. Entscheidend ist jeweils die Preisdifferenz zwischen primären und sekundären Rohstoffen. Viel diskutiert wird das Recycling von Plastik. Plastikmüll darf zwar nicht in die Umwelt gelangen; aber für Recycling besteht hier deshalb kein großer Bedarf, weil der Grundstoff Rohöl im Übermaß vorhanden ist.

Wie schwierig die Kreislaufwirtschaft im Einzelfall sein kann, zeigt sich am Beispiel des Smartphones. In Deutschland werden jährlich ca. 24 Millionen Smartphones verkauft (2019). Bei der Produktion eines solchen Gerätes werden bis zu 30 verschiedene Metalle verarbeitet. Dazu gehören Stoffe wie Kobalt, Gallium, Indium, Wolfram und seltene Erden – alles Stoffe, die immer knapper werden. Eine Rückgewinnung der seltenen Metalle ist kaum möglich. Die Herausforderung besteht darin, die verschiedenen Trenn- und Rückgewinnungsverfahren, die sich aus den unterschiedlichen chemischen und physikalischen Eigenschaften und Konzentrationen der Inhaltsstoffe ergeben, ökonomisch und ökologisch effizient zu koordinieren (Zitat Reuter, Direktor des Helmholtz-Instituts Freiberg). Reuter vergleicht das Metall-Recycling damit, eine Tasse Kaffee wieder in ihre einzelnen Bestandteile Wasser, Kaffeepulver, Zucker und Mich zu zerlegen.

Für eine Kreislaufwirtschaft müssten **recyclingfähige Produkte** geschaffen werden. Diese Herausforderung ist globaler Natur. Es wäre daher wünschenswert, eine spezielle Abteilung der UNO für die Kreislaufwirtschaft zu schaffen.

Zur Artenvielfalt: Sie nimmt seit Jahrzehnten, wenn nicht seit Jahrhunderten, kontinuierlich ab. Stichworte wie Zerstörung der Regenwälder, industrielle Landwirtschaft, Überfischung der Meere oder Insektensterben sind durch zahllose Berichte in den Medien einer breiten Öffentlichkeit geläufig.

Um hier zu einer Trendwende zu kommen, müssten vor allem **ökologisch hochrangige Naturräume** geschaffen werden. Diesem Anspruch wird das Bundesnaturschutzgesetz (BNatSchG) mit seiner Eingriffsregelung, die große praktische Bedeutung hat, nicht gerecht: Wer in die Natur eingreift (Straßenbau, Bebauungspläne,

10.

Fabrikanlagen usw.), muss gemäß §§ 13 ff BNatSchG diesen Eingriff kompensieren, d.h. er muss an anderer Stelle die beeinträchtigten Funktionen (Wasserhaushalt, Boden, Luft, Klima, Tiere, Pflanzen) ausgleichen. Dieses Konzept weist Mängel auf: Der Artenverlust im zerstörten Biotop kann vielfach gar nicht kompensiert werden. So ist etwa bei der Abholzung eines Buchenwaldes der dort heimatlos gewordene Waldlaubsänger endgültig verschwunden.

Vor allem aber ist die Eingriffsregelung nur darauf gerichtet, den Status quo zu erhalten. Die bloße Erhaltung des Ist-Zustandes reicht für einen modernen, effizienten Naturschutz nicht aus. Man sollte vielmehr von den Investoren als den Verursachern des Eingriffs eine Naturschutzabgabe in Geld verlangen – bemessen nach der Schwere des Eingriffs. Mit dieser Abgabe ließen sich **Hotspots der Artenvielfalt** schaffen. Ein Beispiel hierfür sind die Rieselfelder nördlich von Münster (Westfalen): Auf einer Fläche von 4,3 km² befindet sich dort ein Europa-Reservat für Wat- und Wasservögel. Ausgedehnte Schilf- und Wasserflächen ermöglichen eine phantastische Artenvielfalt.

11.

II. Klimaprognosen

Wenn es um die Prognose des künftigen Klimageschehens geht, ist der **Welt-Klimarat (IPCC)** das maßgebende Gremium. Im August 2021 hat der IPCC seinen 6. umfassenden Bericht seit seiner Gründung im Jahr 1988 vorgelegt. 234 namhafte Wissenschaftler/-innen aus 66 Ländern haben in dem neuen Report die aktuellen Erkenntnisse zum Stand der Klimaforschung zusammengetragen. Die wichtigsten Themen des Berichts – Temperaturanstieg, Wetterextreme, Anstieg des Meeresspiegels – werden im Folgenden kurz behandelt.

Anstieg der Temperatur

Maßgebende Ursache für die Erwärmung der Erdatmosphäre ist der **Treibhauseffekt** (Schönwiese, Klima). Er besteht darin, dass die von der erwärmten Erdoberfläche ausgehenden Wärmestrahlen durch Treibhausgase reflektiert werden. Hierdurch erwärmt sich die untere Erdatmosphäre. Treibhausgase sind H_2O (Wasserdampf/ Wolken), CO_2 (Kohlendioxid), CH_4 (Methan), N_2O (Lachgas), FCKW u.a.

Man sollte bei der Klimadebatte auch Methan (CH_4) im Blick haben. Methan ist am anthropogenen (künstlichen) Treibhauseffekt mit rund 20 Prozent beteiligt. Quellen für Methan-Emissionen sind insbesondere

- Viehhaltung (Wiederkäuer)
- Mülldeponien (organische Abfälle)
- Abbau/ Förderung fossiler Energien (Kohlebergbau, Ölförderung usw.)
- Auftauen der Permafrostböden als Folge der Erderwärmung.

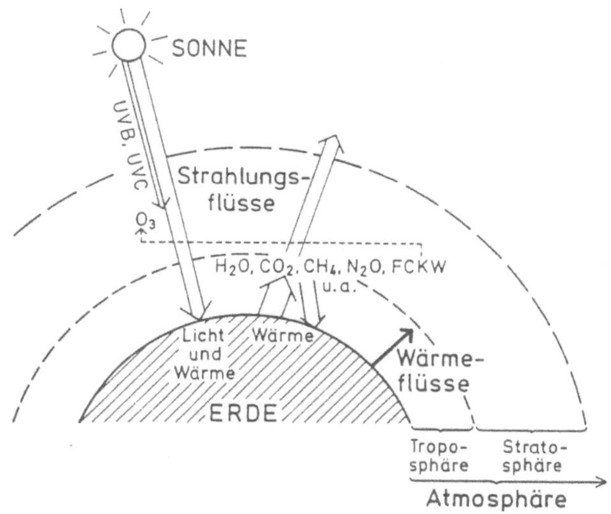

Grafik aus : Schönwiese, Klima

Der IPCC-Bericht 2021 beziffert den globalen Temperaturanstieg seit dem Ende des 19. Jahrhunderts mit 1,07 ° Celsius. Jedes der vergangenen vier Jahrzehnte war wärmer als das vorherige. Der IPCC betont, dass die bisherige Erwärmung durch den Menschen verursacht wurde. Natürliche Einflüsse, die zu der gemessenen Erwärmung beigetragen haben könnten, seien nicht bekannt.

Der Welt-Klimarat kann nicht wissen, welche Menge an Treibhausgasen die Menschheit bis zum Ende des Jahrhunderts verursachen wird. Deshalb haben die Wissenschaftler fünf unterschiedliche Szenarien berechnet – angefangen von einem sehr pessimistischen bis hin zu einem sehr optimistischen Szenarium. Vieles deutet darauf hin, dass wir ein mittleres Szenarium zu erwarten haben. Für diesen Fall rechnet der Welt-Klimarat mit 2 ° Erwärmung bis Mitte des Jahrhunderts und 2,7 ° bis 2100 (im Vergleich zum Ende des 19. Jahrhunderts). Die zwei benachbarten

Varianten kommen auf eine Erwärmung von 1,8 ° bzw. 3,6 ° bis 2100.

Das Pariser Klimaschutz-Abkommen verfolgt das Ziel, die Erderwärmung auf 1,5 ° Celsius zu begrenzen. Dann dürften nur noch 500 Milliarden Tonnen Treibhausgase in die Atmosphäre gelangen. Wenn man den derzeitigen Ausstoß zugrunde legt, wäre diese Menge schon in 13 Jahren erreicht! Bei realistischer Betrachtung deutet nichts darauf hin, dass die Emissionen so stark gesenkt werden, dass das Ziel von 1,5 ° eingehalten wird.

Wetterextreme

Hitzewellen in Kanada, Kalifornien und im Mittelmeerraum, Überschwemmungen in Mitteleuropa und ausgedehnte Waldbrände an vielen Orten der Erde haben im Jahr 2021 einer breiten Öffentlichkeit bewusst gemacht, dass der Klimawandel bereits im Gange ist und Folgen hat. Allerdings sind die extremen Ereignisse häufig nicht nur auf den Klimawandel zurückzuführen. So wurden z.B. die Überschwemmungen in Deutschland maßgebend durch unnötige Begradigungen/ Kanalisierungen von Bächen und Flüssen mit verursacht.

Der IPCC-Bericht geht – entsprechend der fortschreitenden Erwärmung – von einer Zunahme der Wetterextreme aus: Vor allem für Hitzewellen weist der IPCC einen deutlichen Anstieg für alle Erdteile nach. Die Hitzewellen sind zudem immer öfter mit Dürren und Waldbränden verbunden.
Seit Mitte des 20. Jahrhunderts regnet es mehr; denn wärmere Luft kann mehr Feuchtigkeit aufnehmen. So erklären sich auch die häufiger werdenden Starkniederschläge in vielen Regionen. Trotz der vermehrten Niederschläge beobachtet der IPCC in manchen Gegenden der Erde häufigere Dürreperioden. Bei Tropenstürmen stellt der Klimabericht bislang keinen langfristigen Trend fest. Allerdings bringen die Stürme mehr Regen. Der Welt-Klimarat weist

allerdings darauf hin, dass bei Prognosen von Wetterextremen für einzelne Regionen große Unsicherheiten bestehen.

Anstieg des Meeresspiegels

Seit 1901 ist der Meeresspiegel im globalen Durchschnitt um rund 20 cm gestiegen. Der bisherige Anstieg ist also moderat. Er hat sich allerdings im Laufe der Zeit beschleunigt und beträgt derzeit 3,7 mm jährlich. Dass es als Folge des Klimawandels zu einem Anstieg des Meeresspiegels kommt, hat vor allem zwei Ursachen: zum einen die wärmebedingte Ausdehnung des Wassers, zum anderen der Zufluss von Schmelzwasser (z. B. das schmelzende Grönland-Eis).

Der IPCC hat in der nachstehenden Grafik dargestellt, mit welchen Szenarien wir beim Anstieg des Meeresspiegels bis zum Jahr 2100 rechnen müssen (jeweils abhängig vom Ausmaß der Treibhausgas-Emissionen).

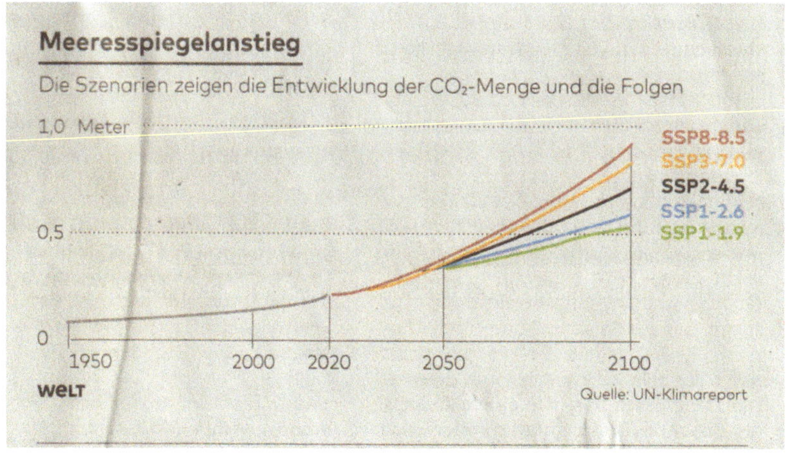

Das entscheidende Problem beim Meeresspiegel ist, dass die Ozeane als träges System auf den Klimawandel zwar langsam, aber dafür langfristig reagieren: Selbst wenn es gelänge – so der IPCC – die

15.

globale Erderwärmung auf 2 ° zu begrenzen, würde der Meeresspiegel noch Jahrhunderte weiter steigen. Wenn man gar die kommenden 2000 Jahre betrachtet, lassen sich Horrorszenarien nicht ausschließen (Anstieg bis zu 22 Metern).

Unwägbarkeiten

Das **Klimageschehen ist hoch komplex**. Deshalb sind die Modellrechnungen der Klimaforschung – trotz aller Fortschritte – mit Unsicherheiten behaftet. Auch der IPCC-Bericht 2021 enthält nur Prognosen und keine Vorhersagen. Zum Beispiel sind **große Vulkanausbrüche**, die das Weltklima erheblich beeinflussen können, nicht vorhersehbar. Auch die **Klimawirkung von Wolken** ist schwer einzuschätzen: Einerseits wirken sie kühlend, weil sie einen Teil der Sonnenstrahlung zurück ins All reflektieren; andererseits wirken sie wärmend, weil sie das Entweichen thermischer Strahlung ins All verhindern.

Ein weiterer Unsicherheitsfaktor für die Beurteilung des künftigen Klimas ist **der Golfstrom** (vgl. nebenstehende Grafik). Er transportiert warmes Wasser von der Karibik in den nördlichen Atlantik. Hierdurch wird das Klima in Europa deutlich erwärmt. Unterwegs wird das vom Golfstrom transportierte warme Wasser kälter und durch Verdunstung schwerer (erhöhter Salzgehalt). Am Endpunkt sackt das schwerere Wasser bis zu 4000 Meter in die Tiefe – und zwar in kaum vorstellbaren Größenordnungen (tausendfache Menge des Amazonas) – und fließt am Meeresboden wieder zurück.

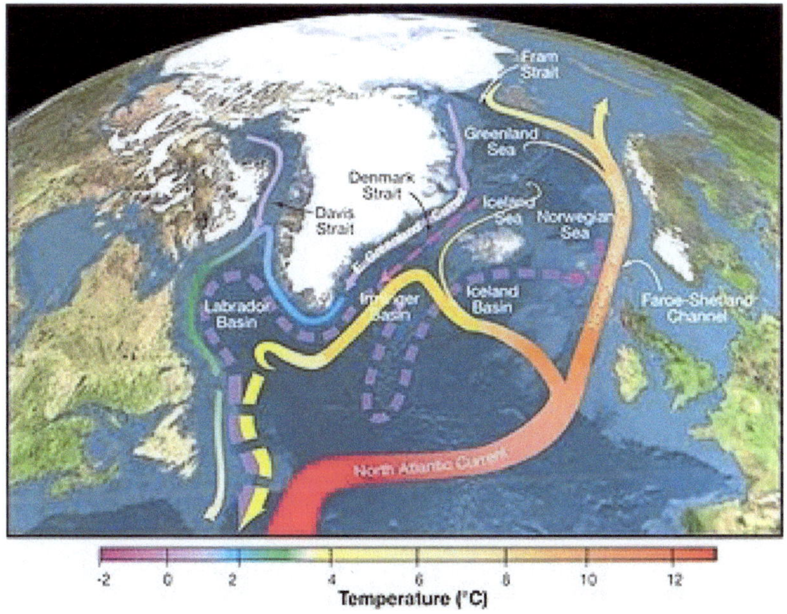

Die Erderwärmung führt dazu, dass das Grönlandeis schmilzt. Dieser Vorgang beschleunigt sich und setzt in großen Mengen Süßwasser frei. Süßwasser ist leichter als Salzwasser und verringert die Fähigkeit des Wassers im Nordatlantik, in die Tiefe herabzusacken. Die „Umwälzpumpe" gerät ins Stocken. Auch zunehmende Niederschläge und Wasser aus Flüssen erhöhen den Gehalt an Süßwasser. Die Folge: Der Golfstrom ist derzeit so schwach wie nie zuvor in den vergangenen 1000 Jahren (Boers, Nature Climate Change, 2021). „Die Ergebnisse stützen die Einschätzung, dass der Rückgang der AMOC (Golfstrom) nicht nur eine Fluktuation oder eine lineare Reaktion auf steigende Temperaturen ist, sondern wahrscheinlich das Herannahen einer kritischen Schwelle bedeutet, jenseits derer das Zirkulationssystem zusammenbrechen könnte." (so Boers, a.a.O.)

17.

Ein Zusammenbruch des Golfstroms hätte weitreichende Folgen –
wahrscheinlich eine Abkühlung in Europa. Die Wettersysteme
weltweit wären betroffen, denn die Meeresströmungen bilden ein
weltweites System.

III. Das Pariser Klimaschutzabkommen

Im Jahr 2015 gelang es nach mehreren vergeblichen Klimaschutzkonferenzen, das Pariser Klimaschutzabkommen zu verabschieden. Es ist heute die Grundlage für den globalen Klimaschutz. Fast alle Staaten der Welt sind dem Abkommen beigetreten. Eine Sonderrolle spielten die USA: Präsident Trump kündigte das Abkommen. Sein Nachfolger Biden nahm die Kündigung jedoch wieder zurück. Einige wichtige Artikel des Pariser Abkommens werden nachfolgend im Wortlaut wiedergegeben.

Begrenzung der Erderwärmung – Art.2 Abs.1

> „Dieses Übereinkommen zielt darauf ab, durch Verbesserung der Durchführung des Rahmenübereinkommens einschließlich seines Zieles die weltweite Reaktion auf die Bedrohung durch Klimaänderungen im Zusammenhang mit nachhaltiger Entwicklung und den Bemühungen zur Beseitigung der Armut zu verstärken, indem unter anderem der Anstieg der durchschnittlichen Erdtemperatur deutlich unter 2 °C über dem vorindustriellen Niveau gehalten wird und Anstrengungen unternommen werden, um den Temperaturanstieg auf 1,5 °C über dem vorindustriellen Niveau zu begrenzen, da erkannt wurde, dass dies die Risiken und Auswirkungen der Klimaänderungen erheblich verringern würde.“

Um die Erderwärmung zu begrenzen, haben sich die Vertragsstaaten zu nationalen Klimaschutzbeiträgen verpflichtet. Diese reichen jedoch in der Summe nicht aus, das Ziel des Art.2 Abs.1 zu erreichen. Deshalb findet gemäß Art.4 Abs.3 und Abs.9 alle fünf Jahre eine Überprüfung/ Verbesserung der nationalen Klimaschutzpläne statt (erstmals 2018).

Art.4 Abs.3 lautet:

> „Jeder nachfolgende national festgelegte Beitrag einer Vertragspartei wird eine Steigerung gegenüber ihrem zum fraglichen Zeitpunkt geltenden national festgelegten Beitrag darstellen und ihre größtmögliche Ambition unter Berücksichtigung ihrer gemeinsamen, aber unterschiedlichen Verantwortlichkeiten und ihrer jeweiligen Fähigkeiten angesichts der unterschiedlichen nationalen Gegebenheiten ausdrücken."

Globale Klimaneutralität in der zweiten Hälfte des Jahrhunderts – Art.4 Abs.1:

> „Zum Erreichen des in Artikel 2 genannten langfristigen Temperaturziels sind die Vertragsparteien bestrebt, so bald wie möglich den weltweiten Scheitelpunkt der Emissionen von Treibhausgasen zu erreichen, wobei anerkannt wird, dass der zeitliche Rahmen für das Erreichen des Scheitelpunkts bei den Vertragsparteien, die Entwicklungsländer sind, größer sein wird, und danach rasche Reduktionen im Einklang mit den besten verfügbaren wissenschaftlichen Erkenntnissen herbeizuführen, um in der zweiten Hälfte dieses Jahrhunderts ein Gleichgewicht zwischen den anthropogenen Emissionen von Treibhausgasen aus Quellen und dem Abbau solcher Gase durch Senken auf der Grundlage der Gerechtigkeit und im Rahmen der nachhaltigen Entwicklung und der Bemühungen zur Beseitigung der Armut herzustellen."

Das Pariser Klimaabkommen ist lediglich ein **Rahmenvertrag**. Er bildet den Rahmen für die Klimaschutzbemühungen der rund 200 Staaten dieser Welt. Jeder Staat entscheidet eigenständig über seinen Klimaschutzbeitrag. Er ist nicht Inhalt des Abkommens. Maßgebend für den Erfolg/ Misserfolg des globalen Klimaschutzes ist die Summe der nationalen Klimaschutzbeiträge. Nachfolgende Grafik macht deutlich, in wieweit die einzelnen Länder zu den globalen CO_2-Emissionen beitragen (Statista, 2019).

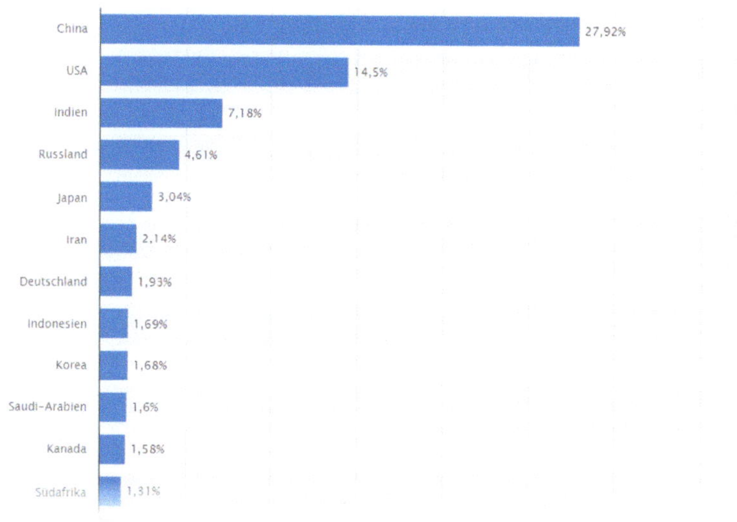

Deutschland kann mit einem Beitrag von rund 2 Prozent zum globalen CO_2-Ausstoß das Weltklima nicht retten. Gleiches gilt für die Europäische Union mit einem Beitrag von ca. 8 Prozent. Selbst wenn man die Emissionen der USA (14.5 %) hinzunimmt, bleiben Europa und die USA zusammen unter einem Viertel der CO_2-Emissionen. Ohne die Mitwirkung der wirtschaftlich aufstrebenden asiatischen Staaten ist ein erfolgreicher Klimaschutz nicht möglich. Beim Kyoto-Protokoll (1997-2012), dem Vorläufer des Pariser Abkommens, war die Ausgangslage noch völlig anders: Damals dominierten noch die Treibhausgas-Emissionen der etablierten Industriestaaten mit rund 80 Prozent.

Klimaneutralität wird im Pariser Abkommen für die zweite Hälfte des Jahrhunderts angestrebt. Für die Frage, ob die Erderwärmung noch auf 1,5 ° C begrenzt werden kann, ist nunmehr die

Einschätzung des IPCC-Berichts 2021 maßgebend (s. Kap. II). Im Ergebnis kommt es darauf an, ob es gelingt, bezahlbare klimafreundliche Konzepte zu entwickeln, die weltweit akzeptiert und durchgeführt werden.

IV. Das Klimapaket der EU „Fit for 55"

Die Ausgangslage

Für die Staaten der Europäischen Union – also auch für Deutschland – spielt beim Klimaschutz die europäische Ebene eine immer bedeutendere Rolle. Hintergrund ist der Vertrag über die Arbeitsweise der Europäischen Union (AEUV). Gemäß Art. 4 AEUV ist die EU auch für Umwelt (Klimaschutz) und Energie zuständig. In Art. 191 Abs.1 AEUV ist die Bekämpfung des Klimawandels explizit als Ziel der EU genannt. Durch den Vertrag von Lissabon erhielt die EU in Art. 194 erstmalig auch die Zuständigkeit für Energie.

Der erste wichtige Beschluss der EU zum Klimaschutz stammt vom 9. März 2007. Damals hatten die Staats- und Regierungschefs für das Zieljahr 2020 beschlossen, die Treibhausgas-Emissionen in der EU um 20 Prozent gegenüber dem Niveau von 1990 zu reduzieren. Am 24.10.2014 folgte ein weiterer wichtiger Beschluss: Der Ausstoß von Treibhausgasen in der EU muss im Vergleich zum Basisjahr 1990 bis zum Jahr 2030 um 40 Prozent reduziert werden. Tatsächlich hat die EU zwischen 1990 und 2020 sogar eine Minderung von 25 Prozent erreicht – die Vorgabe also übererfüllt.

Die trockenen und heißen Sommer der Jahre 2018 und 2019 befeuerten die Klimadiskussion. Viele Demonstrationen (Fridays for Future) bewirkten eine regelrechte Klimahysterie. Vor diesem Hintergrund kündigte die neu gewählte Präsidentin der EU-Kommission, Ursula von der Leyen, an, die Klimaziele der EU deutlich zu verschärfen. Nach längeren Diskussionen einigten sich die EU-Länder im Juni 2021 auf ein verbindliches Klimaschutzgesetz. Hiernach müssen die Treibhausgas-Emissionen im Vergleich zu 1990 um 55 Prozent gesenkt werden. Das EU-Parlament hatte sogar 60 Prozent gefordert! Außerdem verlangt das Klimaschutzgesetz Klimaneutralität bis 2050. Interessant ist das

Abstimmungsergebnis im EU-Parlament: 442 Abgeordnete stimmten für das Gesetz, 203 Abgeordnete stimmten dagegen – darunter die Grünen, denen das Gesetz nicht weit genug ging (FAZ vom 25.6.2021). Festzuhalten ist folgender grundlegender Sachverhalt: Von 1990 bis 2020, also in 30 Jahren, gelang der EU eine Treibhausgas-Minderung von 25 Prozent. **Diese Minderung muss nun innerhalb von 10 Jahren (bis 2030) um 30 Prozent gesteigert werden – eine gewaltige Herausforderung!**

Viel zu lange fokussierte sich die Klimadebatte auf abstrakte Minderungsziele. Entscheidend sind jedoch die Maßnahmen, mit denen diese Ziele erreicht werden sollen. Diese Lücke schließt nun das Klimapaket „Fit for 55": In 12 Gesetzesvorhaben macht die EU-Kommission Vorschläge, wie das ehrgeizige Klimaziel erreicht werden soll. Die wichtigsten Vorschläge werden nachfolgend erläutert.

Der Emissionshandel

Das europäische Emissionshandelssystem (ETS) ist **das zentrale Instrument zur Reduzierung von Treibhausgasen in der EU.** Hiervon betroffen sind Anlagen der Energiewirtschaft (Kraftwerke) und die energieintensive Industrie – z.B. Kokereien, Raffinerien, Stahl- und Aluminiumhütten, die Zement- und Kalkindustrie, Glas-, Keramik- und Ziegelindustrie, die chemische Industrie sowie die Papier- und Zellstoffindustrie. Die betroffenen Anlagen erzeugen fast die Hälfte der CO_2-Emissionen in der EU. Schon daraus ergibt sich die große Bedeutung des ETS.

Jedes vom Emissionshandel betroffene Unternehmen muss für jede emittierte Tonne CO_2 eine Berechtigung (Zertifikat) vorweisen. Die Zertifikate werden in der Regel an den Strombörsen erworben (ersteigert). Sie können aber auch von jedem anderen Besitzer von Zertifikaten gekauft werden – z.B. von einem Unternehmer, der überschüssige Zertifikate besitzt. Teilweise werden die Zertifikate auch kostenlos zugeteilt: dies gilt für Betriebe, die im internationalen Wettbewerb stehen und durch die Mehrkosten des Emissionshandels gefährdet wären. Die kostenlose Zuteilung setzt allerdings voraus, dass der jeweilige Betrieb EU-weit einheitliche, auf Effizienzbenchmarks beruhende Standards einhält.

Üblicherweise wird der Emissionshandel als marktwirtschaftliches Instrument gesehen. So heißt es z.B. in der FAZ vom 15.7.2021: „Der Handel mit CO_2-Rechten gilt als das marktwirtschaftliche Instrument schlechthin, um den Ausstoß von CO_2 zu reduzieren." Diese Kennzeichnung ist allerdings nur die halbe Wahrheit. Denn Ausgangspunkt des Systems ist die **zulässige, maximale Gesamtmenge an Treibhausgas-Emissionen (Cap)**, die von den betroffenen Unternehmen emittiert werden darf. Diese zulässige Gesamtmenge ist als starre Obergrenze ordnungsrechtlicher und nicht marktwirtschaftlicher Natur. Der Cap wurde ab 2013 EU-einheitlich festgelegt und kontinuierlich gekürzt – um 1,74 Prozent pro Jahr. Durch diese ständigen Kürzungen können die angestrebten Treibhausgas-Minderungen per Ordnungsrecht exakt erfüllt werden.

Innerhalb des zulässigen Cap kommen marktwirtschaftliche Mechanismen zum Tragen: Es bleibt den betroffenen Unternehmen überlassen, ob und wie sie den Ausstoß von CO_2 senken. Sie können die CO_2-Rechte – wie bereits erwähnt – kaufen. Sie können aber auch die Emissionen senken, d.h. die Energieeffizienz steigern oder ganz auf fossile Brennstoffe verzichten. Der einzelne Unternehmer interessiert sich naturgemäß vor allen für den Preis, den er für das Zertifikat zahlen muss. Wie nachfolgendes Schaubild zeigt, war der Zertifikatspreis in den zurückliegenden Jahren moderat. Ein Preis um die 10 € herum wirkt nicht anders als eine maßvolle CO_2-Steuer.

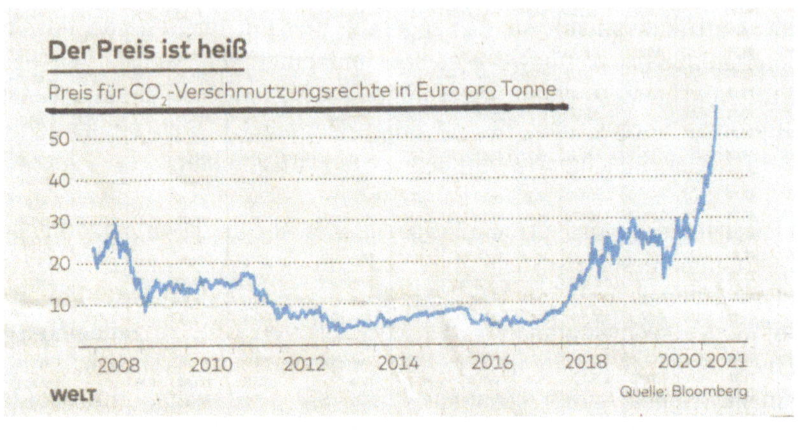

Wie obige Grafik erkennen lässt, ist der Zertifikatspreis in den Jahren 2020/21 massiv angestiegen. Hintergrund ist die Erwartung eines deutlich verschärften Klimaschutzes. Am Emissionshandel nehmen auch Spekulanten teil! In der sog. 4. Handelsperiode des ETS (2021-2030) gilt nunmehr eine jährliche Kürzung des Cap um 2,2 Prozent. Noch viel weiter gehen die Vorschläge der EU-Kommission in ihrem Klimapaket „Fit for 55": **Der Cap soll bis 2030 um 4,2 Prozent pro Jahr gekürzt werden.** Dadurch wird der Preis für die Berechtigungen nach oben getrieben. Zutreffend bewertet die Rhein-Zeitung vom 15.7.2021 die Auswirkungen wie folgt: „Das dürfte zu einem Preisschub für Energie, aber auch für Produkte jener Hersteller führen, die große Mengen Energie verbrauchen."

CO_2-Grenzzölle

Es besteht die Gefahr, dass Produkte, die in der EU mit hohen Klimaauflagen hergestellt werden, im internationalen Wettbewerb solchen Produkten unterliegen, die außerhalb der EU klimaschädlich und billiger produziert werden. Derartige Wettbewerbsverzerrungen müssen vermieden werden. Sie können dazu führen, dass Firmen aus der EU in Staaten außerhalb der EU abwandern (**Carbon Leakage**).

Die Folge wäre der Verlust von Arbeitsplätzen und somit eine De-Industrialisierung statt der erwünschten De-Karbonisierung.

Nach den Plänen der EU-Kommission sollen **CO$_2$-Grenzzölle** derartige negative Wirkungen vermeiden. Geplant sind Kohlenstoffzölle auf Importe in die EU. Sie sollen sich nach den dem importierten Produkt zugrunde liegenden CO$_2$-Emissionen richten.Die Höhe dieser CO$_2$-Zölle will die EU-Kommission am Preis für CO$_2$-Zertifikate ausrichten. Zunächst soll die Grenzabgabe allerdings nur für einige Produkte gelten – nämlich bei der Einfuhr von Zement, Stahl, Aluminium, Düngemittel und Strom. Die CO$_2$-Zölle werden nach den Plänen der EU ab 2026 schrittweise über einen Zeitraum von 10 Jahren eingeführt. Parallel dazu soll die kostenlose Zuteilung von CO$_2$-Rechten Jahr für Jahr sinken.

Können CO$_2$-Grenzzölle die befürchteten Wettbewerbsnachteile für die europäische Industrie verhindern? Hier stellen sich **eine Reihe von Problemen**:

- Der bürokratische Aufwand für die Grenzzölle wäre hoch.

- Handelskonflikte könnten provoziert werden.

- Unklar ist, ob die neuen Zölle von der Welt-Handelsorganisation WTO akzeptiert würden.

- Vor allem aber: **Ein Grenzausgleich hilft den Firmen auf dem europäischen Heimatmarkt, aber nicht auf dem Weltmarkt.** Die neuen Zölle verhindern nämlich nicht, dass außereuropäische Wettbewerber mit klimaschädlich hergestellten billigeren Produkten die europäische Konkurrenz auf dem Weltmarkt verdrängen. Wie soll z.B. mit Wasserstoff in der EU hergestellter Stahl mit Stahl außerhalb der EU konkurrieren, der mit preiswerter Kokskohle hergestellt wird?

Fazit: **Die Einführung von CO_2-Grenzzöllen nur in Europa würde die hiesige energieintensive Industrie auf dem Weltmarkt unzumutbar benachteiligen**. Gibt es einen Ausweg aus diesem Dilemma?

Die Präsidentin der EU-Kommission von der Leyen sagte der Süddeutschen Zeitung (Ausgabe vom 15.7.2021), sie sehe den Grenzmechanismus als Einladung an andere Staaten, den Ausstoß von Kohlendioxyd in ihren Ländern ebenfalls an einen Preis zu koppeln. Dann werde kein Grenzausgleich fällig.

Der Wissenschaftliche Beirat des Bundeswirtschaftsministeriums schlägt folgendes vor: Die EU solle mit anderen großen Wirtschaftsblöcken einen „Klima-Club" bilden. Dadurch entstünde eine Art Freihandelszone, in der alle Unternehmen unter ähnlich strengen Klimaschutz-Vorgaben produzieren. Die USA und Großbritannien müssten allerdings Teilnehmer eines solchen Clubs sein, idealerweise auch China und Russland (vgl. die WELT vom 12.6.2021).

Die Frage ist somit, welche Staaten bereit sind, sich an einem solchen Klimabündnis zu beteiligen. Großbritannien hat sich im Rahmen der G7-Präsidentschaft für die Einführung von CO_2-Grenzzöllen stark eingesetzt. Der Klimabeauftragte der neuen US-Regierung, John Kerry, äußerte sich in einem Interview skeptisch: „Präsident Biden hat mich … gebeten, diese mögliche Steuer zu überprüfen und zu beurteilen. Wir haben keine Ahnung, welche Auswirkungen sie auf die Produktionskette haben würde, ob es negative Konsequenzen auf den Handel und die Arbeitsplätze geben könnte. All das müssen wir genau analysieren." (die WELT vom 23.7.2021) Bleibt die Frage, wie sich die neue Weltmacht China positioniert: Bisher haben die Chinesen alles abgelehnt, was den Siegeszug der billigen und immer besser werdenden chinesischen Produkte aufhalten könnte.

Im Ergebnis dürfte es sehr schwer sein, einen **europäischen Alleingang** bei den CO_2-Grenzzöllen mit den damit verbundenen Nachteilen zu vermeiden.

Emissionshandel für Verkehr und Gebäude

Nach den Vorschlägen der EU-Kommission soll 2026 ein eigener Emissionshandel für Verkehr und Gebäude eingeführt werden. Für den Einsatz von Benzin und Diesel (Verkehr) sowie von Kohle, Erdöl und Erdgas (Gebäudeheizung) müssen dann Verschmutzungsrechte erworben werden. Werden die Pläne der Kommission von EU-Parlament und Ministerrat akzeptiert, würde für alle wesentlichen Sektoren – mit Ausnahme der Landwirtschaft – ein Emissionshandelssystem existieren.

In **Deutschland** wurde im hiesigen Klimaschutzgesetz bereits ein Emissionshandel für die Sektoren Verkehr und Gebäude (Wärme) eingeführt. Nachstehende Grafik lässt erkennen, wie sich in Deutschland der Emissionshandel auf die Preise für Kraftstoffe und fossile Brennstoffe auswirkt.

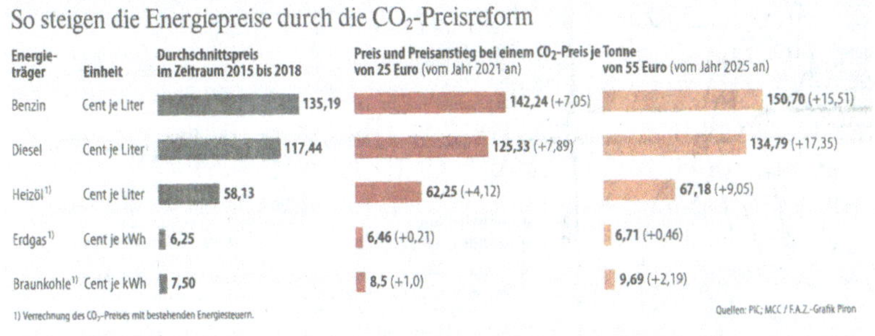

Energieträger	Einheit	Durchschnittspreis im Zeitraum 2015 bis 2018	Preis und Preisanstieg bei einem CO₂-Preis je Tonne von 25 Euro (vom Jahr 2021 an)	von 55 Euro (vom Jahr 2025 an)
Benzin	Cent je Liter	135,19	142,24 (+7,05)	150,70 (+15,51)
Diesel	Cent je Liter	117,44	125,33 (+7,89)	134,79 (+17,35)
Heizöl[1]	Cent je Liter	58,13	62,25 (+4,12)	67,18 (+9,05)
Erdgas[1]	Cent je kWh	6,25	6,46 (+0,21)	6,71 (+0,46)
Braunkohle[1]	Cent je kWh	7,50	8,5 (+1,0)	9,69 (+2,19)

1) Verrechnung des CO₂-Preises mit bestehenden Energiesteuern.

Quellen: PIK; MCC / F.A.Z.-Grafik Piron

29.

In den Jahren 2021 bis 2025 sind nur moderate Preissteigerungen zu erwarten. Grund dafür sind die (noch!) recht niedrigen Zertifikatspreise – 25 € in 2021 und 55 € in 2025.

Im **Verkehrssektor** soll der europäische Emissionshandel Benzin und Diesel verteuern, damit sich die E-Mobilität durchsetzt; s. hierzu den nächsten Abschnitt.

Im **Gebäudesektor** soll die künstliche Verteuerung von Erdöl, Erdgas und anderen fossilen Brennstoffen bewirken, dass Hausbesitzer ihre Häuser sanieren und damit den Heizbedarf senken, die Heizung erneuern oder ganz auf klimaneutrale Heizsysteme umstellen. All diese Maßnahmen sind in der Regel kostspielig.

Um die sozialen Folgen höherer Preise für fossile Brennstoffe abzufedern, schlägt die EU-Kommission einen **Klima-Sozialfonds** vor. In ihn sollen 25 % der Einnahmen der dann drei Emissionshandels-Systemen fließen. Nach Berechnungen der EU-Kommission wird sich das zwischen 2025 und 2032 auf 72 Milliarden Euro summieren. Da die Mitgliedstaaten noch einmal dieselbe Summe zulegen sollen, kommt man im Ergebnis auf 144 Milliarden Euro für den Klima-Sozialfonds. Mit diesen Mitteln sollen vor allem ärmere Haushalte bei der Sanierung ihrer Gebäude unterstützt werden. Wenn man von 100 Millionen unterstützten Haushalten ausgeht. würde jeder Haushalt 1440 € bekommen – eine nicht gerade große Summe! Der Einbau einer klimaneutralen Wärmepumpe kann z.B. 20.000 € kosten.

Die Pläne der EU-Kommission für den Zeitraum bis 2030 sind nur ein Zwischenschritt auf dem Weg zur **Klimaneutralität**, die für 2050 rechtsverbindlich festgelegt ist. Welch große Herausforderungen mit diesem Ziel verbunden sind, zeigt nachstehendes Schaubild.

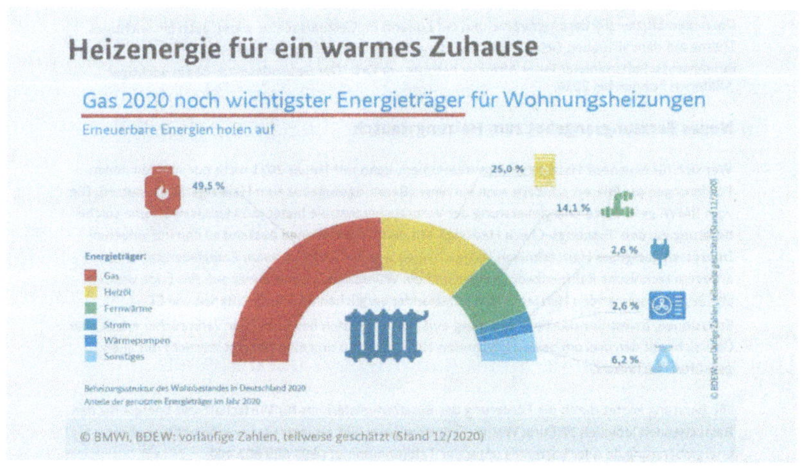

49, 5 Prozent der Wohnungsheizungen in Deutschland werden mit Erdgas betrieben, 25 % mit Heizöl; d.h. fast drei Viertel der Heizungen werden mit fossilen Brennstoffen betrieben. Die klimafreundliche Wärmepumpe kommt auf nur 2,6 Prozent. Bei **Neubauten** ist der Anteil der Wärmepumpen allerdings deutlich höher. Es sind die 21 Millionen **Bestandsbauten** in Deutschland, die ganz überwiegend fossil heizen. Sie stellen für den Klimaschutz ein erhebliche Problem dar.

Kann man - wie verlangt – bis 2050 in ganz Europa klimaneutral heizen? Hier liegt m.E. das größte Problem für die angestrebte Klimaneutralität. Zunächst **in technischer Hinsicht**: Nach Meinung von Fachleuten ließe sich nur ein kleiner Teil der Bestandsgebäude mit vertretbarem Aufwand so sanieren, dass für sie eine Wärmepumpe infrage kommt (vgl. die WELT vom 19.3.2021). Ideal wären Heizungen, die mit grünem – d.h. aus erneuerbaren Energien gewonnenem – Wasserstoff betrieben werden. Das wäre ein perfekter Ersatz für Erdgas. Dann müsste allerdings der grüne Wasserstoff auf breiter Front gefördert werden. Aus Sicht des Klimaschutzes ist das ohnehin notwendig.

In finanzieller Hinsicht: Die Sanierung eines Altbaus mit dem Ziel der Klimaneutralität kann ohne weiteres mehrere 10.000 Euro kosten. Solche Summen kann die Masse der Hausbesitzer nicht aufbringen. Bei vielen bildet die abbezahlte Immobilie mit einer oft bescheidenen Rente die Existenzgrundlage. Die Forderung nach einer klimaneutralen Immobilie bis 2050 erscheint daher selbst im „reichen Deutschland" unrealistisch. Derartige Zweifel gelten erst recht für Armutsregionen in vielen Teilen der EU – speziell für osteuropäische Regionen mit strengen Wintern. Kürzlich wurde ich aufgefordert, für arme lettische Familien Federbetten zu spenden! Hier ist der finanzielle Spielraum offenbar noch kleiner.

In einer solchen Situation helfen die üblichen Förderprogramme mit anteiliger staatlicher Finanzierung nicht weiter. Vielmehr müsste der Staat die Sanierungskosten weitgehend selber übernehmen. Das dürfte ihn finanziell überfordern. **Die Zertifikatspreise im Emissionshandel so hochzutreiben, dass die Bürger die Gebäudesanierung als quasi geringeres finanzielles Übel wählen, wäre sozialpolitisch nicht umsetzbar.** Im Ergebnis könnte sich daher Klimaneutralität in 2050 bei Bestandsbauten als Illusion erweisen.

E-Mobilität

Der **Verkehrssektor** stellt eines der größten Probleme beim Klimaschutz dar. Das zeigt nachstehende Statistik des Umweltbundesamtes für Deutschland. Während bei den Sektoren Energie, Gebäude und Industrie seit 1990 erhebliche CO_2-Minderungen erzielt werden konnten, verharren die CO_2-Emissionen des Verkehrs auf hohem Niveau. Gründe hierfür sind insbesondere die zunehmende Verkehrsdichte und die Dominanz der fossilen Kraftstoffe Benzin und Diesel. Öko-Kraftstoffe spielen kaum eine Rolle (ca. 5 %; Quelle: BDEW).

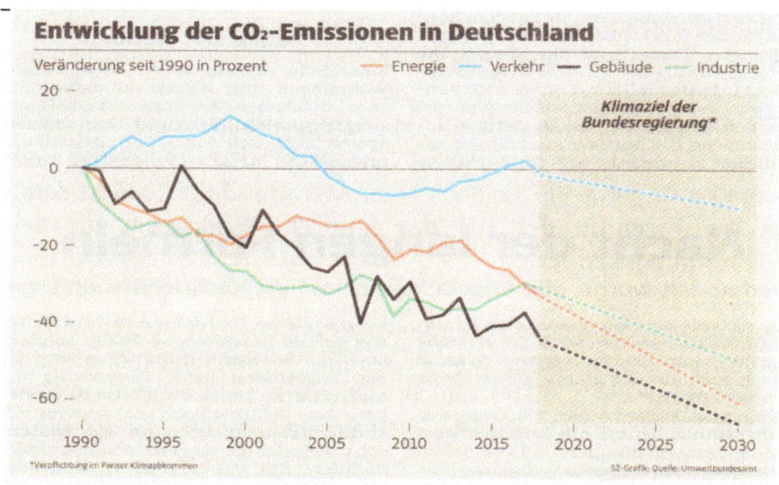

Welche Konzepte hat die EU für den Verkehrssektor?

Wie im vorherigen Abschnitt bereits erwähnt, will die EU-Kommission 2026 für den Verkehr einen **Emissionshandel** einführen. Das in Deutschland schon praktizierte Modell begnügt sich mit moderaten Preisaufschlägen für Benzin und Diesel (s. Die Grafik dort). Hierfür gibt es gute Gründe: 63 Prozent der Deutschen sind gegen klimabedingt deutlich höhere Spritpreise (ZDF-Politbarometer vom 27.9.2019). Bei der Landtagswahl in Sachsen-Anhalt (2021) hat bereits die Ankündigung höherer Spritpreise aus Gründen des Klimaschutzes der betroffenen Partei erheblich geschadet. Klimapolitik gegen den Willen der Bevölkerung ist offenbar kaum möglich.

Im Zentrum der Verkehrspolitik der EU steht ein anderer Ansatz: **die Elektrifizierung des Verkehrs (E-Mobilität)**. Bereits für 2020 verlangt eine Richtlinie der EU, dass die Neuwagen jedes Autoherstellers durchschnittlich maximal 95 g CO_2/km ausstoßen dürfen. Obwohl die Autobauer bereits mit der Einhaltung dieses Grenzwertes erhebliche Probleme haben, gelten in der Zukunft folgende Verschärfungen:

Nach geltendem Recht müssen die Hersteller den durchschnittlichen CO_2-Ausstoß ihrer Neuwagen bis 2030 um 37,5 % - verglichen mit 95 g – senken.

Die EU-Kommission will die Minderungspflicht sogar auf 55 % anheben. 2035 dürfen Neuwagen nach dem Vorschlag der Kommission gar kein CO_2 mehr ausstoßen. **Das Jahr 2035 ist somit bei Neuwagen in der EU das faktische Enddatum für den Verbrennungsmotor.**

Diese Entwicklung hatte sich schon abgezeichnet: Norwegen will ein Verbot der Neuzulassung von PKW mit Verbrennungsmotor schon 2025 durchsetzen. Großbritannien, Dänemark, Schweden, Irland und die Niederlande peilen das Jahr 2030 an, mehrere US-Bundesstaaten das Jahr 2035.

Die europäische Autoindustrie hatte zunächst mit dem Umstieg auf E-Mobilität gezögert. Das hat sich inzwischen geändert: VW als größter Autobauer will das Neugeschäft mit Verbrenner-Fahrzeugen in den Jahren 2033-2035 beenden (in den USA und China etwas später, in Afrika und Südamerika deutlich später – vgl. die WELT vom 28.6.2021). Daimler nennt nun 2035 als Ausstiegsdatum. Weltweit ziehen die Autohersteller den Ausstieg aus dem Verbrenner immer weiter vor.

Die Autobauer in Europa setzen auf das batteriebetriebene Elektroauto. Das kann aber nur Erfolg haben, wenn ein leistungsfähiges Netz von Ladestationen zur Verfügung steht. In diesem Zusammenhang ist folgender Vorschlag der EU-Kommission wichtig: Die EU-Staaten sollen verpflichtet werden, an den Fernstraßen mindestens alle 60 km eine leistungsstarke Ladestation einzurichten. Die Praxis zeigt, dass das Aufladen der Batterie reibungslos funktioniert, wenn Hauseigentümer mit Garage ihr Elektroauto nachts aufladen können. Schwierig wird es in den Innenstädten mit dichter Bebauung. Zahllose Autobesitzer ohne Garage wollen dort ihre Batterie aufladen und sind auf öffentliche

Ladepunkte angewiesen. Städte und Gemeinden haben erhebliche Schwierigkeiten, hier ein ausreichendes Angebot an Ladesäulen zu schaffen – erst recht, wenn eines Tages die E-Molilität dominiert.

Die Autobauer wurden in die E-Mobilität gedrängt. Es drohen nämlich hohe Strafzahlungen, wenn die CO_2-Grenzwerte nicht eingehalten werden. Die Autoindustrie hat inzwischen geliefert. Nun muss der Staat seine Gegenleistung – eine funktionierende Infrastruktur für Ladesäulen – erbringen.

Bemerkenswert ist, dass die EU-Kommission auch vorschlägt, auf Fernstraßen alle 150 km eine **Wasserstoff-Tankstelle** zu errichten. Die EU-Kommission hat offenbar das mit Wasserstoff betriebene Brennstoffzellen-Auto nicht abgeschrieben. Diese Entscheidung ist zu begrüßen: Zwar haben sich die europäischen Autobauer zuletzt voll und ganz auf den Batterieantrieb festgelegt. Es können aber Probleme auftreten – angefangen mit den Rohstoffen (Kobalt, Lithium), der längeren Ladedauer und insbesondere bei der Lade-Infrastruktur (s.o.). Deshalb ist der technologie- offene Ansatz der EU-Kommission richtig. In Asien arbeitet man an der Option Brennstoffzellen-Auto weiter: Japan (Toyota), Südkorea (Hyundai) und möglicherweise auch chinesische Hersteller.

Rein batteriebetriebene PKW werden den Autobauern nach den EU-Bestimmungen als Null-Emissions-Fahrzeuge angerechnet. Diese Fiktion entspricht nicht den Tatsachen: Bei der Stromerzeugung in Europa spielen die fossilen Energien nach wie vor eine bedeutende Rolle. Ihr Anteil am europäischen Strommix betrug 2020 noch 37 Prozent. **Daher bewirkt derzeit die Elektrifizierung der Fahrzeuge zum Teil nur eine Verlagerung des CO_2-Ausstoßes vom Verbrennungsmotor zum Kraftwerk mit fossiler Stromerzeugung.** Dies ist erst behoben, wenn die Stromerzeugung in Europa vollständig auf CO_2-freie Energieträger umgestellt sein wird. In diesem Zusammenhang ist deshalb ein weiterer Vorschlag der EU-Kommission wichtig: Der Anteil der erneuerbaren Energien am Energieverbrauch soll bis 2030 auf 40 Prozent gesteigert werden (s. den folgenden Abschnitt).

Das Bestreben nach klimaneutraler Mobilität gilt nicht nur für Personenkraftwagen, sondern auch für Lastwagen, den öffentlichen Nahverkehr, die Eisenbahnen, den Schiffsverkehr und Flugzeuge.

Beim **Flugverkehr** wird Klimaneutralität besonders schwer zu erreichen sein: Die Luftfahrtbranche hat zwar zugesagt, bis 2050 klimaneutral zu werden. Regelungen der EU können sich aber nur auf innereuropäische Flüge beziehen. Für sie gilt schon jetzt der EU-Emissionshandel. Die EU-Kommission will beim Handel mit Verschmutzungsrechten die Bedingungen verschärfen, indem die bisher vielfach kostenlose Zuteilung von CO_2-Rechten bis 2027 enden soll (vgl. FAZ vom 15.7.2921). Außerdem soll eine Kerosin-Steuer eingeführt werden. Weltweit gibt es nur wenige große Flugzeugbauer. In Europa ist Airbus führend. Die Firma will 2035 das erste Null-Emissions-Flugzeug mit Wasserstoff-Antrieb auf den Markt bringen (vgl. die WELT vom 17.4.2021).

40 Prozent erneuerbare Energien

Der wichtigste Vorschlag der EU-Kommission betrifft den Ausbau der erneuerbaren Energien. **Bis 2030 soll der Anteil der erneuerbaren Energien am Primärenergieverbrauch der EU auf 40 Prozent steigen.** Dieses Vorhaben ist ambitioniert und zielgenau. Denn es trifft den Kern des Klimaproblems – nämlich den Ersatz der fossilen Energieträger durch CO_2-freie Energien.

Nachstehende Grafik lässt erkennen, wie sich die erneuerbaren Energien in der EU in den vergangenen Jahren entwickelt haben. Ihr Anteil stieg von 8,2 % in 2008 auf 13,2 % in 2016. Im Jahr 2019 erreichten die erneuerbaren Energien in der EU einen Anteil von 19,7 Prozent am gesamten Energieverbrauch (Statistisches Bundesamt). Diese Zahlen belegen, wie ambitioniert das 40 Prozent-Ziel ist.

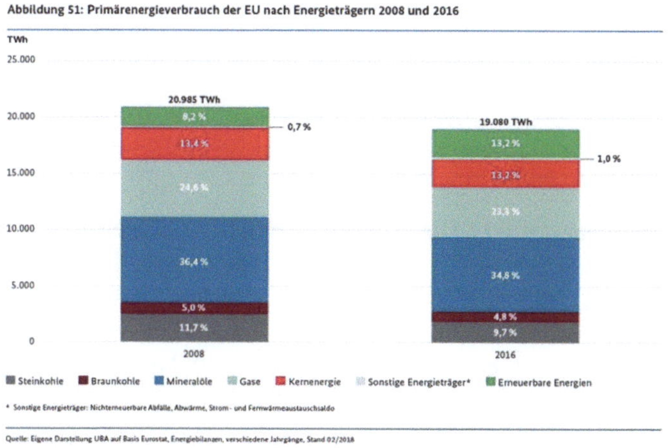

Zu beachten ist, dass sich das 40 % - Ziel auf die **Energieversorgung insgesamt** bezieht und nicht nur auf den Stromsektor. Beim Stromsektor, der häufig im Zentrum der öffentlichen Diskussion steht, werden wesentlich höhere Anteile erneuerbarer Energien erreicht. So konnte z.B. Deutschland im Jahr 2020 bei der Stromversorgung einen Anteil von 45 % erzielen (Arbeitsgemeinschaft Energiebilanzen). CO_2-frei ist grundsätzlich auch der Atomstrom. Aber seine Kosten steigen mit den Sicherheitsanforderungen. Das Problem der Endlagerung ist bis heute nicht gelöst. Staaten wie Frankreich halten allerdings an der Kernenergie fest.

Welche erneuerbaren Energien stehen zur Verfügung?

- **Wasserkraft** ist eine sehr gute Energiequelle in gebirgigen Regionen mit vielen Niederschlägen. Beispiele sind Norwegen und Österreich. Norwegen kann fast seinen gesamten Strombedarf sehr preisgünstig mit Wasserkraft decken.

- **Biomasse** lässt sich universell zur Wärmeerzeugung, als Kraftstoff oder auch zur Stromerzeugung einsetzen. Das Potenzial der Biomasse ist jedoch begrenzt; denn die benötigten Flächen stehen in Konkurrenz zur Landwirtschaft, die primär die Ernährung der Bevölkerung sicherstellen muss.

- **Geothermie:** Die oberflächennahe Geothermie ist eine hervorragende Option für den Heizungsbedarf. Hier muss auch die Luftwärmepumpe erwähnt werden, die die Heizenergie aus der Umgebungsluft gewinnt. Die Tiefengeothermie zur Stromgewinnung hat sich bislang nicht als erfolgreich erwiesen.

- Die maßgebenden Stützen der künftigen Stromerzeugung sind die **Solar- und Windenergie.** Überall auf der Welt gibt es für Solar- und/oder Windkraftanlagen geeignete Standorte. Solar- und Windstrom sind zudem in den vergangenen Jahren preisgünstig geworden.

Löschel weist darauf hin, dass die besten Produktionsbedingungen für Solaranlagen im mediterranen Süden liegen. Der meiste Wind dagegen weht im Norden und Nordwesten Europas. Selbst wenn die EU ihre Möglichkeiten zur eigenen Erzeugung erneuerbarer Energien ausschöpft, bestünde eine Versorgungslücke. Denn die EU-Staaten sind vergleichsweise dicht besiedelt. Solar- und Windenergie benötigen jedoch viel Raum, den andere Weltregionen bieten können. Folglich wird der Import insbesondere von Solarenergie unumgänglich sein (s. Kap. VIII).

Die Europäische Kommission schlägt auch vor, die **Energieeffizienz deutlich** zu steigern. Tatsächlich konnte, wie obiges Schaubild zeigt, der Energieverbrauch in Europa gesenkt werden – eine Folge der besseren Nutzung von Energie. Energieeffizienz ist wichtig; denn je effizienter die Energie genutzt wird, umso weniger fossile Energie muss durch CO_2-freie Energie ersetzt werden. Wenn es Europa bis

2030 gelingt, 40 Prozent des Energiebedarfs mit erneuerbaren Energien zu decken, wäre dies ein **Durchbruch für den Klimaschutz**. Denn dann wären die administrativen, finanziellen und technischen Abläufe so eingespielt, dass einem weiteren zügigen Ausbau der Erneuerbaren nichts im Wege stünde.

Das weitere Verfahren

Das Klimapaket „Fit for 55" kann nur dann verbindliches Recht (Richtlinien, Verordnungen) werden, wenn ihm die Staatengemeinschaft (Ministerrat) und das EU-Parlament zustimmen. Die beiden Beschlussorgane können sich auf Änderungen der Vorschläge einigen oder auch einzelne Vorschläge ganz ablehnen. Die EU-Kommission hofft, dass der Prozess der Meinungsbildung zügig abläuft und das Klimapaket Anfang 2023 in Kraft tritt.

V. Solarenergie

Solarenergie lässt sich vielfältig nutzen: Man kann sich die Wärmestrahlung der Sonne energetisch zunutze machen (**Solarthermie**). Bei der **Photovoltaik (PV)** wird Sonnenlicht mithilfe von Solarzellen in Strom umgewandelt. Im Folgenden soll uns die Photovoltaik näher beschäftigen.

PV-Dachanlagen

Das erste Gesetz zur Förderung der Photovoltaik war das **Stromeinspeisungsgesetz** aus dem Jahr 1990. Es wurde 2000 durch das **Erneuerbare-Energien-Gesetz (EEG)** abgelöst. Das EEG verbesserte die Rahmenbedingungen für die Nutzung der Photovoltaik erheblich. Wer eine PV-Dachanlage installierte, hatte Anspruch darauf, dass der örtliche Netzbetreiber ihm den Strom abnahm und zu festen Cent-Beträgen pro Kilowattstunde 20 Jahre lang vergütete.

Die recht hohe Vergütung pro kWh führte zu einem regelrechten Solar-Boom. Viele Hausbesitzer ergriffen die Chance, mit einer PV-Dachanlage Geld zu verdienen, dem Klima zu nützen und sich ein Stück Energie-Unabhängigkeit zu sichern. Die Mehrkosten, die dieses Subventionsmodell mit sich brachte, wurden grundsätzlich allen Stromkunden angelastet – per **Erneuerbare-Energien-Umlage (EEG-Umlage)**. Die EEG-Umlage und weitere Abgaben auf den Stromverbrauch trieben den Preis für den Haushaltsstrom in die Höhe. Die Politik sah sich gezwungen, den Anstieg der EEG-Umlage zu stoppen. 2017 betrug die EEG-Umlage bereits 6,88 ct/kWh. Die Vergütung für den in das öffentliche Netz eingespeisten Strom wurde stark gekürzt.

Heute (2021) stellt sich die Situation für einen Hauseigentümer, der eine PV-Dachanlage installiert, wie folgt dar:
In Deutschland geht man von etwa 1000 Sonnenstunden im Jahr aus. Eine 1 kW-Anlage (10 m² Dachfläche, möglichst nach Süden ausgerichtet) erbringt somit 1000 kWh im Jahr. Gängig sind 5 kW-Anlagen. Mit 5000 kWh lässt sich der Stromverbrauch eines Mehrpersonen-Haushalts (ohne E-Auto) ohne Weiteres decken.

Zur **Wirtschaftlichkeit**: Die Kosten einer PV-Anlage betragen – umgerechnet auf 1 kWh – rund 10 Cent. Der Bezug von Haushaltsstrom beim Energieversorger ist in Deutschland mit rund 30 ct/kWh sehr teuer. Das bedeutet: **Wenn man den PV-Strom für den Eigenbedarf nutzt, ergibt sich eine Gewinnspanne von rund 20 ct/kWh**. Die Betreiber von PV-Anlagen müssen also versuchen, mit ihrem PV-Strom möglichst viel Eigenbedarf zu decken. Hilfreich hierfür ist der Einsatz einer Batterie. Dann kann man den Großteil seines Strombedarfs selber decken. Der Reststrom wird in das öffentliche Netz eingespeist. Für Anlagen, die im September 2020 in Betrieb gingen, beträgt die Einspeisevergütung 8,4 ct/kWh.

Im Ergebnis ist die Installation einer PV-Dachanlage aus wirtschaftlicher Sicht eine lohnende Investition.

Wie aber ist der Effekt für den Klimaschutz in Deutschland ? Hierzu folgendes Schaubild:

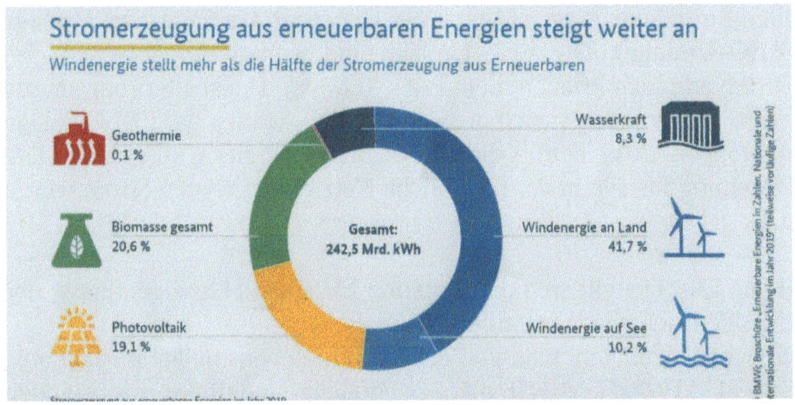

Anteil der erneuerbaren Energien am Bruttostromverbrauch: 42,1 % in 2019

Der Anteil der erneuerbaren Energien am Energieverbrauch in Deutschland beträgt 17,1 Prozent (2019, Quelle: BMWi). Beim Strom hatten die Erneuerbaren in 2019 einen Anteil von 42,1 Prozent. In 2020 herrschten Sondereffekte wegen Corona. Wenn man diesen Anteil mit 100 ansetzt, erreicht die Photovoltaik 19,1 Prozent. Ihr Beitrag zu einer CO_2-freien Energieversorgung ist also moderat.

Dennoch haben sich die Milliarden Subventionen für die Photovoltaik gelohnt. Sie haben einen großen Beitrag zur Entwicklung dieser Schlüsseltechnologie geleistet. Industiepolitisch sieht die Sache anders aus: China entwickelte sich mithilfe staatlich geförderter Massenproduktion zum Weltmarktführer für Photovoltaik. Selbst deutsche Installateure empfahlen/empfehlen ihren Kunden die billigen chinesischen Solarmodule. Bedeutende deutsche Solar-Hersteller gingen in der Folge in Insolvenz.

PV-Freiflächenanlagen

Das Erneuerbare-Energien-Gesetz 2021 (EEG 2021) will in Deutschland einen abitionierteren Klimaschutz durchsetzen. Das Ziel für den Ausbau der erneuerbaren Energien im Stromsektor beträgt nun 65 Prozent bis 2030. Wie nachsehende Grafik zeigt, ist speziell für die Photovoltaik ein deutlicher Anstieg der installierten Leistung vorgesehen. Sie soll von 49 GW in 2019 auf 100 GW in 2030 gesteigert werden.

43.

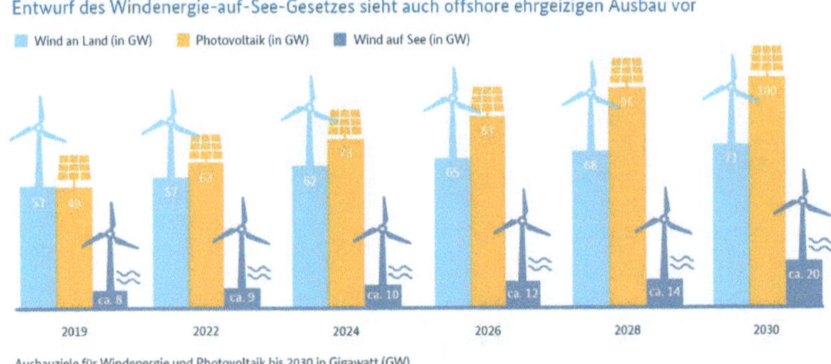

Ausbauziele für Windenergie und Photovoltaik bis 2030 in Gigawatt (GW)

© BMWi; Windenergie-auf-See-Gesetz (WindSeeG); Entwurf Erneuerbare-Energien-Gesetz (EEG) 2021

Für die staatliche Förderung von PV-Freiflächenanlagen gilt das **Ausschreibungsverfahren**. Das bedeutet: Die Bundesnetzagentur schreibt eine bestimmte Strommenge für PV-Freiflächenprojekte aus – z.B. 100 MW. Wer ein Projekt im Bereich PV-Freiflächen verwirklichen will, kann sich an der Ausschreibung beteiligen. Er muss dazu angeben, welche staatliche Förderung er pro Kilowattstunde verlangt. Diejenigen Anbieter, die die geringste staatliche Förderung fordern, erhalten den Zuschlag. Laut BMWi, Energiewende direkt 11/2017 schwankte die staatliche Förderung für die verschiedenen Projekte von 9,17 ct/kWh bis 5,66 ct/kWh. Allein für das Jahr 2022 ist für die Photovoltaik eine Ausschreibungsmenge von 6 GW vorgesehen. Das zeigt, wie ambitioniert der Ausbau der Photovoltaik im kommenden Jahrzehnt sein wird.

Die Stromerzeugungskosten sind bei PV-Freiflächenanlagen niedrig. Das zeigt das folgende Schaubild. Mit PV-Großanlagen wird inzwischen in Deutschland die preisgünstigste erneuerbare Energie erzeugt.

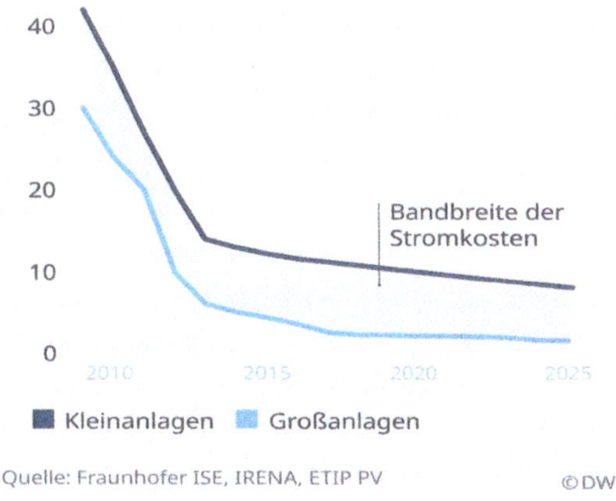

Abbildung 5: Entwicklung der Kosten für Solarstrom (Reuter, 2019)

Der **größte deutsche Solarpark** befindet sich im Barnim (Brandenburg); die Eckdaten dieses Solarparks sind (BMWi, Energiewende direkt 4/2020):

- 164 ha großes Gelände

- 180 MW installierte Leistung: 50.000 Haushalte können mit Solarstrom versorgt werden

- Betreiber: EnBW: über 100 Millionen Euro werden investiert

- auf staatliche Förderung wurde verzichtet.

Das Hauptproblem bei PV-Freiflächenanlagen besteht darin, geeignete Flächen zu finden: Deutschland ist dicht besiedelt. Fast jeder Quadratmeter dient einer bestimmten Nutzung. Es müssen also Umnutzungen erfolgen, die in der Regel mit erheblichen Schwierigkeiten verbunden sind. Gegen Solarparks wird eingewandt, dass der Wasserhaushalt beeinträchtigt würde. Wenn aber unter den Solarpaneelen Grünland geschaffen wird, würde der Wasserhaushalt sogar verbessert.

Eine Möglichkeit, an geeignete Flächen zu kommen, wäre ein **verminderter Maisanbau**: Seit 1970 sind die Mais-Anbauflächen geradezu explodiert – von rund 1000 km² in 1970 auf 26.068 km² in 2018. Rund 13.000 km² dienen der Erzeugung von Tierfutter und damit der Fleischproduktion. Würde man die Fleischproduktion zurückfahren, was vielfach gefordert wird, würden Flächen für Photovoltaik frei. Den Landwirten kann es recht sein, wenn sie mit den zur Verfügung gestellten Flächen Gewinne machen können.

Solarstrom außerhalb der EU

Fassen wir die bisherigen Erkenntnisse zusammen:

- Die Herkulesaufgabe des Klimaschutzes besteht darin, die 80 Prozent der globalen Energieversorgung, die auf fossilen Energieträgern beruhen, durch CO_2-freie Energieträger (insbesondere erneuerbare Energien) zu ersetzen.

- Deutschland deckt trotz bedeutender Anstrengungen nur rund 17 Prozent seines Energiebedarfs mit erneuerbaren Energien.

- In der EU sieht es nicht besser aus: Eine Zwischenbilanz von Eurostat (BMWi, Energiewende direkt 5/2019) weist für die Europäische Union einen Anteil von 17,5 Prozent erneuerbare Energien am Endenergieverbrauch aus. Beim Stromsektor ist der Anteil naturgemäß deutlich höher.

- Gleichwohl schlägt die EU-Kommission in ihrem Programm „Fit for 55" vor, den Anteil erneuerbarer Energien bis 2030 auf 40 Prozent zu steigern – also mehr als eine Verdoppelung innerhalb eines Jahrzehnts!

Sicherlich sind in Spanien, Italien und Griechenland noch große ungenutzte Potenziale für Photovoltaik vorhanden. Hinzu kommt die Windenergie (s. hierzu Kap. VI). Aber die von der EU angestrebte Steigerung lässt sich auf europäischem Boden allein nicht verwirklichen. Dafür ist Europa zu dicht besiedelt. Spanier, Italiener und Griechen würden nicht akzeptieren, dass jeder freie Winkel mit PV-Anlagen zugebaut wird. Das gilt erst recht für eine Vollversorgung mit erneuerbaren Energien: Bei einer Energieautarkie Europas auf der Basis erneuerbarer Energien müsste deren Produktion in der EU fast versechsfacht werden (von 17,5 auf 100 Prozent) – offensichtlich eine Utopie.

Es ist mithin notwendig, den Blick über die EU hinaus zu richten und die großen sonnenreichen, ungenutzten Flächen, die es in vielen Staaten der Welt gibt, in die Klimaschutz-Strategie einzubeziehen.

Hermann Scheer, einer der großen Pioniere der Solarenergie, hat bereits in den 90er Jahren das Potenzial der Solarenergie in seinem Werk „Sonnenstrategie" zutreffend beschrieben:
„Es besteht kein Zweifel, dass die Sonnenenergie der Menschheit weit mehr Energiepotenzial bereitstellt, als sie je verbrauchen kann – unerschöpfbar und für alle Tätigkeiten aller Menschen, einschließlich der industriellen Aktivitäten, zu nutzen. 143 Mio. km von der Erde entfernt, strahlt die Sonne unaufhörlich lediglich einen Bruchteil ihrer Energie auf die Erde. In einer Viertelstunde bietet sie mehr Energie an, als die Menschheit im gesamten Jahr verbraucht. Nicht alles davon ist für die Menschheit direkt oder indirekt nutzbar. Aber an nutzbarem Potenzial verbleibt immer noch mehr als tausendmal mehr Energie als der jährliche Energieverbrauch der Menschheit…"

47.

In **technologischer Hinsicht** ist zu beachten, dass der Solarstrom in den Wüsten Nordafrikas, der USA, Australiens und vergleichbaren Regionen nicht nur mittels Photovoltaik, sondern auch mit **solarthermischen Kraftwerken** erzeugt werden kann. Bei dieser Technik werden die Sonnenstrahlen mithilfe von Hohlspiegeln auf eine Flüssigkeit (z.B. Wasser) gebündelt. Hierdurch wird die Flüssigkeit so stark erhitzt, dass der heiße Dampf eine konventionelle Turbine antreibt und Strom erzeugt.

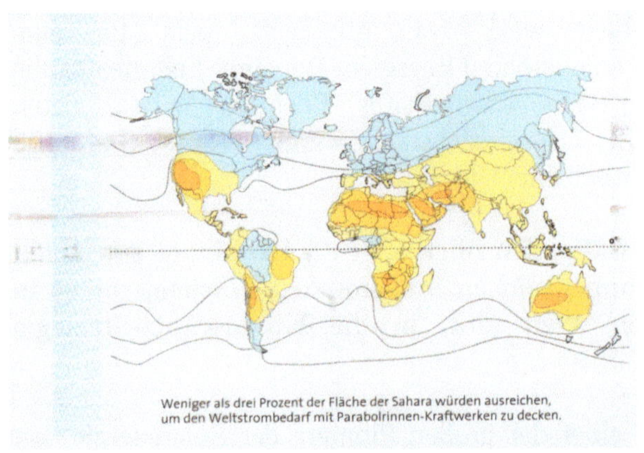

Weniger als drei Prozent der Fläche der Sahara würden ausreichen, um den Weltstrombedarf mit Parabolrinnen-Kraftwerken zu decken.

In Noor (Marokko) befindet sich eines der größten Solarkraftwerke der Welt, und zwar im Süden Marokkos auf einer Wüstenhochebene. Der Solarkomplex hat eine Leistung von 580 MW. Bemerkenswert ist, dass er teils aus PV-Anlagen und teils auf solarthermischen Kraftwerken besteht. Das Solarkraftwerk Noor erstreckt sich über 30 km². Die Investitionskosten betrugen 2,3 Milliarden Euro.

Scheer (a.a.O.) weist auf Berechnungen hin, wonach Solaranlagen auf einer Fläche von 500.000 km² in der Sahara ausreichen, um die Weltbevölkerung mit Sonnenenergie zu versorgen. Die Energy Watch Group gelangt zu folgender Einschätzung: Eine Solarkapazität von 40.000 bis 80.000 GW würde ausreichen, um 70 Prozent des globalen Energiebedarfs für Strom, Wärme und Verkehr zu decken. Die internationale Agentur für erneuerbare Energien (IRENA) hält 90 Prozent erneuerbare Energien bis 2050 für möglich. In jedem Fall ist der Flächenbedarf für die großtechnische Nutzung der Solarenergie enorm.

Die Kosten von Solarstrom sind – wie bereits erwähnt – in den vergangenen Jahren bei Großanlagen drastisch gesunken. **In Ländern mit hoher Sonneneinstrahlung kann Solarstrom bereits für 2 ct/kWh erzeugt werden.** Diese erfreuliche Entwicklung bei den Kosten hat für die globale Energiewende und damit für den Klimaschutz größte Bedeutung!

Ungelöst sind allerdings die Probleme der Speicherung und des Transports von Strom aus entfernten Regionen. Die Politik hat in jüngster Zeit (endlich) damit begonnen, die **Wasserstoff-Technologie** in großem Umfang zu fördern. Wasserstoff macht es möglich, den Strom aus sonnenreichen Regionen zu den Industriezentren zu transportieren (s. hierzu Kap. VII).

VI. Windenergie

Die Nutzung der Windenergie ist neben der Solarenergie die zweite große Option für eine Energiewende und damit für den globalen Klimaschutz. Nachstehende Grafik zeigt, dass die Windenergie in Deutschland die bedeutendste Quelle erneuerbarer Stromerzeugung ist.

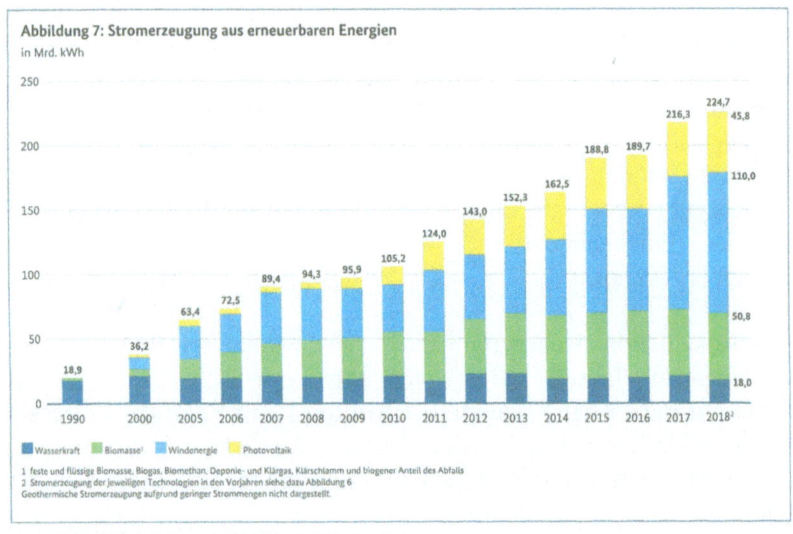

Windenergie an Land kommt bei der Stromerzeugung durch erneuerbare Energien, wenn man sie insgesamt mit 100 ansetzt, auf 41,7 Prozent, die Windenergie auf See auf 10,2 Prozent und die Solarenergie – wie bereits erwähnt – auf 19,1 Prozent.

Die Internationale Energieagentur (IEA) macht für den **europäischen Strombedarf** folgende Aussagen: Windstrom deckt 11,6 Prozent des Strombedarfs in Europa (2017). Für 2027 lautet die Prognose der IEA 20 Prozent. Dann würde der Windstrom den Kohlestrom überflügeln!

Im Folgenden wird die Windenergie an Land und danach die Windenergie auf See näher betrachtet.

Windenergie an Land

In Deutschland gibt es ca. 30.000 Windkraftanlagen. Das Erneuerbare-Energien-Gesetz 2021 (EEG 2021) schreibt entsprechend den Vorgaben der EU ambitionierte Ausbauziele vor: von 53 GW in 2019 auf 71 GW in 2030. Dabei spielt das sog. **Repowering** – d.h. der Ersatz alter, leistungsschwacher Anlagen durch neue, leistungsstarke Anlagen – eine wichtige Rolle. Der gewünschte Ausbau soll möglichst erreicht werden, ohne die Gesamtzahl der Windkraftanlagen nennenswert zu erhöhen („halbierte Anlagenzahl – doppelte Leistung").

Der Ausbau der Windenergie an Land hatte im Jahr 2019 ein bedenklich niedriges Niveau erreicht. Nach Angaben des Bundeswirtschaftsministeriums (BMWi, Energiewende direkt 8/2021) fand jedoch im Jahr 2020 eine Trendwende statt. Der Bruttoausbau betrug 1385 MW. In den ersten vier Monaten des Jahres 2021 waren es 700 MW. Vom Bruttoausbau müssen allerdings die Anlagen abgezogen werden, deren Förderung nach 20 Jahren abgelaufen ist und nun stillgelegt werden. **Windenergie an Land deckt nunmehr 23,7 Prozent des deutschen Stromverbrauchs (2020).**

Das erste EEG sah eine feste Einspeisevergütung für Windstrom vor. Später wurde das **Ausschreibungsverfahren** eingeführt. Es besagt, dass diejenigen Projekte staatlich gefördert werden, die die geringste Förderung beanspruchen (s. Kap. V). Der Zuschlagswert (staatliche Förderung pro kWh) schwankt von Ausschreibung zu Ausschreibung erheblich: 4,28 ct (2. Ausschreibung 2017), 3,82 ct (3. Ausschreibung 2017), 6,16 ct (3. Ausschreibung 2018), 5,91 ct

(Dezember 2020). Manche Ausschreibungen hatten sogar keine ausreichende Resonanz (Quelle: Bundes-Netzagentur).

Insgesamt gestaltet sich der Ausbau der Windenergie an Land in Deutschland schwierig. Das hat mehrere Gründe:
Die **Verfahren** sind langwierig und aufwendig: Wer einen Windpark errichten will, muss für das betreffende Gebiet einen Bebauungsplan vorweisen, der Windparks überhaupt zulässt. Dieser Bebauungsplan muss außerdem im übergeordneten Flächennutzungsplan verankert sein. Für die Windkraftanlagen selbst benötigt man eine Genehmigung nach dem Bundesimmissionsschutzgesetz (BImSchG). Das Genehmigungs- verfahren nach BImSchG dauert durchschnittlich sechs Jahre (NTV 29.8.2021). Das Verfahren ist außerdem kostspielig: wegen zahlreicher Gutachten können mehrere 100.000 Euro anfallen. Das Risiko für den Antragsteller, bei einem abgelehnten Antrag viel Geld zu verlieren, ist beträchtlich.

Das größte Problem dürfte allerdings der **Artenschutz** sein: 70 Prozent der gegen Windkraftprojekte eingereichten Klagen werden mit Artenschutz begründet. Hier spielt der europarechtlich veranlasste § 44 Abs. 1 Nr. 1 Bundes-Naturschutzgesetz (BNatSchG) eine wichtige Rolle. Nach dieser Vorschrift ist es verboten, wild lebende Tiere der besonders geschützten Arten zu verletzen oder zu töten. Besonders geschützte Arten sind auch Vögel und Fledermäuse. Auf den ersten Blick könnte man meinen, dass § 44 BNatSchG jegliche Windkraftnutzung verbietet. Denn irgendwann erschlägt jedes Windrad einen Vogel oder eine Fledermaus. Die Rechtsprechung zu § 44 BNatSchG besagt jedoch, dass das Tötungsverbot bei Einhaltung geeigneter Abstände zum Brutplatz in der Regel beachtet ist (VGH Kassel). Bei Greifvögeln – insbesondere dem Rotmilan – ist die Sachlage recht gut erforscht. Aber was sich bei kleinen Singvögeln – insbesondere beim Vogelzug – abspielt, ist weitgehend unbekannt. Das Problem des Artenschutzes im Zusammenhang mit Windkraftanlagen lässt sich m.E. kaum lösen.

Hinzu kommen **Akzeptanzprobleme** – insbesondere wegen Lärmschutz und „optischer Belästigung". Meine langjährige kommunalpolitische Erfahrung ist die, dass die Akzeptanz für Windkraftanlagen im Laufe der Zeit eher abgenommen hat. Das liegt auch daran, dass die Windräder immer größer und höher wurden (bis zu 200 m). Viele Bürger sind der Ansicht, dass das Landschaftsbild keine weiteren Windräder verträgt. Deshalb formieren sich bei Windparkprojekten fast immer Bürgerinitiativen, die den geplanten Windpark zu verhindern suchen. Langwierige Klageverfahren vor den Verwaltungsgerichten sind die Folge.

Was das **Potenzial für Windkraftanlagen** an Land in Deutschland anlangt, hat das Fraunhofer-Institut für Windenergie und Energiesysteme folgende Berechnung angestellt: Würde man 2 Prozent der Landesfläche Deutschlands für die Windkraft nutzen, könnten 65 Prozent des deutschen Strombedarfs gedeckt werden. Bei der gebotenen globalen Betrachtung ließen sich unzählige Regionen nennen, die für die Nutzung der Windenergie an Land hervorragend geeignet sind. Ein Beispiel ist das südliche Chile, eine kaum besiedelte, sehr windreiche Region.

Windenergie auf See

Das Foto macht sogleich deutlich, worin ein maßgebender Vorteil der Windenergie auf See besteht: kaum Konflikte mit benachbarten Nutzungen. Es gibt keine Nachbarn, die sich durch Lärm oder optisch belästigt fühlen – jedenfalls dann, wenn die Windräder wie an der deutschen Nord- und Ostsee in großem Abstand zur Küste erreichtet werden. Der große Abstand bewirkt auch, dass Brutplätze von Seevögeln nicht betroffen sind. Andererseits mussten z.B. beim ersten deutschen Offshore-Windpark „Alpha Ventus" Wassertiefen bis zu 30 Metern in Kauf genommen werden.

Deutschland hat in seiner Ausschließlichen Wirtschaftszone (AWZ) zahlreiche Gebiete für die Nutzung der Windenergie auf See ausgewiesen. Das EEG sah zunächst eine hohe Einspeisevergütung für den Windstrom auf See vor. Begründet wurde dies mit den technischen Schwierigkeiten der Stromerzeugung im Meer (z.B. Reparaturen mittels Hubschrauber). Später wurde auch hier das Ausschreibungsverfahren eingeführt. Beispielsweise wurden im Jahr 2018 in Nord- und Ostsee 1.610 MW ausgeschrieben. Der durchschnittliche Zuschlagswert (staatliche Förderung pro kWh) betrug 4,66 Cent. Es gab sogar Gebote, die keine Förderung verlangten. Das zeigt, wie attraktiv die Stromerzeugung auf See inzwischen geworden war. Nachstehende Grafik macht den Aufwärtstrend der Windenergie auf See in der deutschen AWZ deutlich.

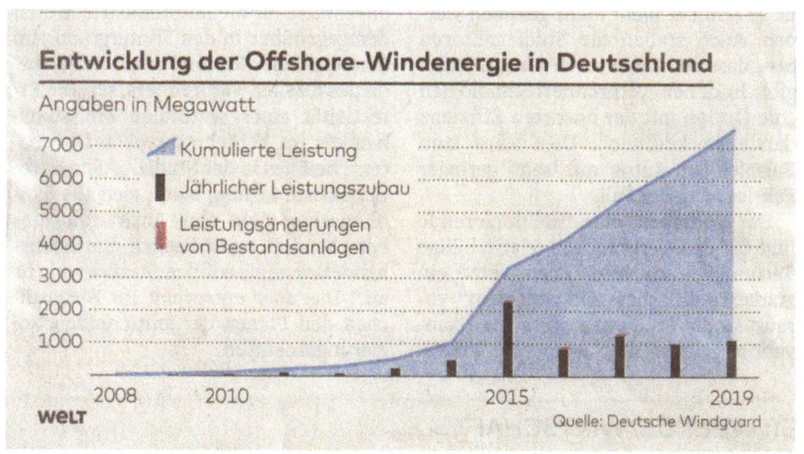

Aus physikalischer Sicht hat die Nutzung der Windenergie auf See einen gravierenden Vorteil: Auf dem Meer weht ein starker Wind. **Daher werden auf See 4.500 Volllaststunden erreicht** – wesentlich mehr als bei Windrädern an Land. Das **Windenergie-auf-See-Gesetz** setzt die beschriebenen Vorzüge der Offshore-Nutzung in konkrete Ausbauziele für die deutsche Nord- und Ostsee um:

- 20 GW bis 2030

- 40 GW bis 2040

2019 waren 7,5 GW installierte Leistung erreicht (mit rund 1.500 Windrädern).

Der **weltgrößte Offshore-Windpark** wird 25 km vor der niederländischen Küste errichtet. Seine Eckdaten sind: 1,5 GW installierte Leistung; 140 Turbinen; 3,2 Milliarden Euro Kosten; Betreiber sind BASF und Vattenfall. BASF will mit dem Windpark seinen Produktionsstandort in Antwerpen klimaneutral mit Strom versorgen.

Die Offshore-Strategie der EU-Kommission (November 2020) erfasst den Meeres-Windstrom vor den Küsten der EU: Ostsee, Nordsee, Atlantik, Mittelmeer und Schwarzes Meer. Die in 2020 installierte Leitung betrug hier 23 GW. Ziele der EU-Kommission sind 60 GW bis 2030 und **300 GW bis 2050**. Wenn man bedenkt, dass 1 GW die Leistung eines Großkraftwerks ist, wären 300 GW tatsächlich ein sehr beachtlicher Beitrag zur europäischen Energieversorgung (vgl. BMWi, Energiewende direkt 12/2020).

Die USA wollen nun auch auf den abfahrenden Zug der Offstore-Windenergie aufspringen: Präsident Biden plant, entlang der Atlantikküste der USA 2000 Windkraftanlagen errichten zu lassen (die WELT von 19.7.2021). Eine wichtige technische Innovation können **schwimmende Windkraftanlagen** sein. Sie würden Windparks in wesentlich größerer Meerestiefe als bisher ermöglichen. Das Potenzial der Windkraft auf See würde dadurch massiv ausgeweitet.

VII. Wasserstoff

Bei der Darstellung der Solar- und Windenergie (Kap. V. Und VI.) wurde deutlich, das Solar- und Windstrom nicht nur ein überaus großes Potenzial für die künftige Energieversorgung haben, sondern aufgrund der Entwicklung der letzten Jahre auch kostengünstig erzeugt werden können. Zu einer funktionsfähigen Energieversorgung gehört jedoch auch, dass die **Probleme des Transports und der Speicherung** gelöst werden.

Den Stromtransport über große Entfernungen ermöglichen **Höchstpannungs-Gleichstrom-Leitungen** (Gleichstrom-Autobahnen). Diese neuere Technik vermeidet Übertragungsverluste. Ein Beispiel ist **NordLink** – ein 516 km langes Seekabel, das über die Nordsee das deutsche und das norwegische Stromnetz miteinander verbindet. Mithilfe von NordLink (1.400 MW, 2 Milliarden Euro Kosten, Bauzeit 3 Jahre) können sich norwegische Wasserkraft und deutsche Windkraft optimal ergänzen (vgl. BMWi, Energiewende direkt 7/2021).

Allerdings können Gleichstrom-Autobahnen nicht jede beliebige Entfernung überwinden. Man wird beim Transport über große Entfernungen auch Wasserstoff einsetzen müssen. Diese Erkenntnis setzt sich erfreulicherweise zunehmend in der Politik durch. Wasserstoff ist transportabel und speicherbar. Entscheidend ist allerdings folgendes: Wenn man Klimaneutralität weltweit erreichen will, müssen Kohle, Erdöl und Erdgas komplett durch CO_2-freie Energieträger ersetzt werden. Hierfür ist Wasserstoff unverzichtbar – und zwar in riesigen Mengen.

Man unterscheidet drei Arten von Wasserstoff:

- Grauer Wasserstoff wird überwiegend aus Erdöl gewonnen.

- Blauer Wasserstoff wird aus Erdgas (CH_4) hergestellt. Klimaneutralität setzt hier voraus, dass das bei der Herstellung anfallende CO_2 unterirdisch gelagert wird.

- Grüner Wasserstoff wird mithilfe erneuerbarer Energien – insbesondere Solar- und Windenergie – erzeugt. Diese Art von Wasserstoff ist klimaneutral.

Grüner Wasserstoff wird mithilfe der **Elektrolyse** gewonnen. Der Wirkungsgrad der Elektrolyse beträgt ca. 70 Prozent; d.h. 30 Prozent des eingesetzten Stroms gehen verloren.

Die Kapazität für Elektrolyse betrug im Jahr 2020 in der EU weniger als 1 GW (Handelsblatt vom 15.10.2020). Die Technologie steckt also noch in den Kinderschuhen. Um bei der grünen Wasserstoff-Technologie Fortschritte zu erzielen, ist eine Anwendung in großem Maßstab erforderlich. Vor diesem Hintergrund macht sich Deutschland mit seiner **nationalen Wasserstoff-Strategie** sehr verdient.

Die Nationale Wasserstoff-Strategie - Juni 2020

Das Ziel: In Deutschland wird eine Wasserstoffindustrie aufgebaut. Der aus erneuerbaren Energien hergestellte (grüne) Wasserstoff soll insbesondere als Transport- und Speichermedium für Ökostrom dienen. Deutschland will in der Wasserstoff-Technologie künftig eine führende Rolle spielen.

Die Dimension des Programms: Für den Aufbau der Wasserstoff-Technologie stellt das Programm 9 Milliarden Euro bereit – 7 Milliarden Euro für inländische Projekte und 2 Milliarden Euro für die internationale Zusammenarbeit.
Bis zum Jahr 2030 sollen Elektrolyse-Anlagen mit einer Leistung von 5 GW entstehen. Bis spätestens 2040 werden Elektrolyse-Kapzitäten von 10 GW aufgebaut.

Zum Vergleich: Ein großes Gaskraftwerk hat eine installierte Leistung von ca. einem GW.
Um eine auf Wasserstoff basierende Wirtschaft zu ermöglichen, sind gewaltige Mengen an Wasserstoff notwendig. Geplant sind deshalb auch außenwirtschaftliche Partnerschaften mit Ländern, die bessere Bedingungen und mehr Platz für Wind- und Solarparks haben. Nicht nur der deutsche Bedarf an Wasserstoff, sondern auch der der Partnerländer soll so langfristig gedeckt werden. Ein erstes Abkommen zum Import von Wasserstoff wurde bereits mit Marokko unterzeichnet.

Geplante Anwendungsgebiete:

- Die Stahlproduktion, die bislang auf Kokskohle basiert, kann schrittweise auf Wasserstoff umgestellt werden.

- Als Kraftstoff für Flugzeuge, im Schwerlastverkehr und in der Schifffahrt soll vermehrt Wasserstoff eingesetzt werden.

- Windparks in der Nord- und Ostsee können direkt vor Ort Elektrolyse-Anlagen mit Strom versorgen. Der produzierte Wasserstoff kann als Beimischung zum Erdgas über das bereits existierende Erdgasnetz ins Landesinnere transportiert werden.

- Auch PKW mit Brennstoffzellen-Antrieb nimmt die Wasserstoff-Strategie in den Blick. Beispielhaft ist hier der Autohersteller Hyundai: Er will bis 2025 Autos mit Brennstoffzellen-Antrieb für unter 35.000 € anbieten. Die Betankung dauert hier nur wenige Minuten. Die Reichweite einer Tankfüllung beträgt 800 km.

- Wasserstoff soll von der EEG-Umlage befreit werden.

Fazit des Industrieverbandes BDI: „Nur mit Wasserstoff zu wettbewerbsfähigen Preisen aus heimischer Quelle und aus Importen lässt sich das Ziel einer Klimaneutralität im Jahr 2050 erreichen." (FAZ vom 12.6.2020)

Noch deutlich weiter als die deutsche Wasserstoff-Strategie geht die **Wasserstoff-Strategie der EU:** Die Elektrolyse-Kapazität soll nach den Plänen der EU 6 GW in 2024 und sogar 40 GW in 2030 betragen (1 GW ist die Leistung eines Großkraftwerks). Die EU-Kommission plant noch weitere Rechtsakte, bei denen Wasserstoff als neuer Energieträger eine große Rolle spielen wird (BMWi, Energiewende direkt 8/2021).

Die USA betonen zu Recht die technologischen Aspekte, wenn es um Klimaschutz geht. Zutreffend sagt John Kerry, der Klimabeauftragte der US-Regierung, Wasserstoff müsse als neue, emissionsfreie Technologie entwickelt werden. Dazu brauche man Elektrolyse-Anlagen, „die umso billiger sind, je effizienter sie werden" (die WELT vom 23.7.2021). In der Tat ist entscheidend, dass Elektrolyse-Anlagen in Großserie hergestellt werden und dass die Umwandlungsverluste verringert werden. Auf jeden Fall sollte man vermeiden, dass China als Erster mit staatlich subventionierter Massenproduktion beginnt und dadurch andere Wettbewerber ausbootet.

Die Beratungsgesellschaft McKinsey geht davon aus, dass grüner Wasserstoff in Zukunft sehr viel preiswerter sein wird.

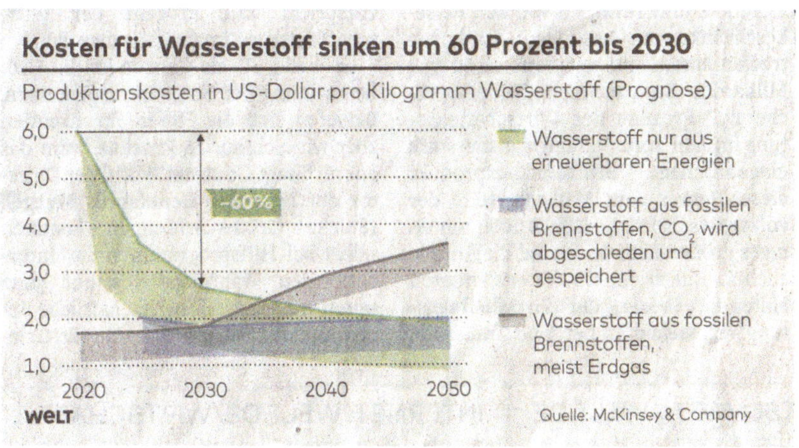

Da die Wasserstoff-Technologie erst am Anfang ihrer Entwicklung steht, kann derzeit niemand sagen, wie ihre Anwendungen und Produkte im Detail aussehen werden. Viele Fragen sind offen: Soll die Elektrolyse am Ort der Stromerzeugung stattfinden oder dort, wo der Wasserstoff eingesetzt wird? Wird sich die Brennstoffzelle durchsetzen, mit deren Hilfe Wasserstoff – mit Umwandlungsverlusten – in Strom umgewandelt wird? Oder ist es zweckmäßig, Wasserstoff – ähnlich wie Erdgas – direkt zu verbrennen? Was den Transport von Wasserstoff anlangt, steht in Deutschland ein weit verzweigtes Erdgasnetz zur Verfügung. Man kann nämlich Erdgasleitungen ohne größeren Aufwand für den Transport von Wasserstoff umbauen. Interessant ist auch folgende Variante: Wasserstoff dem Erdgas beizumischen und so einen gleitenden Übergang zur Wasserstoff-Wirtschaft herzustellen. Was den Transport von Wasserstoff über große Entfernungen anlangt, eignen sich Tanker (wie bei Erdgas seit Langem üblich).

Grüner Wasserstoff wird, wie bereits ausgeführt, nur in geringen Mengen hergestellt und ist dementsprechend teuer. Der EU, Deutschland und anderen interessierten Staaten wird daher nichts anderes übrig bleiben, als Wasserstoff aus erneuerbaren Energien zu subventionieren. Die staatliche Unterstützung ist so lange erforderlich, bis grüner Wasserstoff konkurrenzfähig ist und sich selbst am Markt behaupten kann. Diese Strategie hat sich bei Solar- und Windstrom bereits als erfolgreich erwiesen.

Richtungweisend ist ein vom Bundes-Wirtschaftsministerium gefördertes Projekt in Chile.

Grüner Wasserstoff aus Chile

Chile erstreckt sich über 4200 km entlang der Küste des Pazifischen Ozeans.
Das Land bietet hervorragende Voraussetzungen für die Herstellung von grünem – d.h. aus erneuerbaren Energien gewonnenem – Wasserstoff.

- Im Norden befindet sich die Atacama-Wüste. Sie ist fast menschenleer und größtenteils in Staatsbesitz. Hier sind ideale Bedingungen für die Erzeugung von Solarstrom.

- Im Süden (Magallanes) leben nur wenige Schafzüchter. Die Region ist sehr windreich.

Mit deutscher Hilfe startet Chile größere Projekte, um aus Solar- und Windstrom per Elektrolyse Wasserstoff zu erzeugen.

- Das deutscher Wirtschaftsministerium stellt 40 Millionen Dollar zur Verfügung.

- Das technische Knowhow liefern u.a. Siemens, Linde, Bosch, BASF und MAN.

Während der Solar- und Windstrom in Chile sehr preiswert ist, sind Elektrolyse-Anlagen nach wie vor teuer. Chile hofft, dass der Preis für Elektrolyse-Anlagen durch Massenproduktion schnell und erheblich sinken wird.

Fazit des chilenischen Energieministers: „Deutschland und Chile sind die idealen Partner beim Wasserstoff. Sie brauchen viel Energie – wir stellen viel her!“

(Quelle: Die WELT vom 8.7.2021)

Die Entwicklung einer Wasserstoff-Wirtschaft auf Basis der erneuerbaren Energien ist eine (wenn nicht die) zentrale Herausforderung des globalen Klimaschutzes.

VIII. Klimaschutzkonzepte

Die Ausgangslage:

Das Klimaschutzproblem kann nur global gelöst werden. Das ergibt sich schon rein rechnerisch aus den Anteilen großer Staaten am weltweiten CO_2-Ausstoß: China 27,92 %, USA 14,5 %, EU 8 % (Deutschland 1,93 %), Indien 7,18 %, Russland 4,61 % (Zahlen von 2019, s. Statistik Kap. III).

Das Pariser Klimaschutzabkommen ist so konzipiert, dass jeder Staat (Staatengemeinschaft) eigenständig über seinen Klimaschutzbeitrag entscheidet. Vor diesem Hintergrund ist für den globalen Klimaschutz maßgebend, in wieweit die großen Emittenten bereit sind, zum Klimaschutz beizutragen.

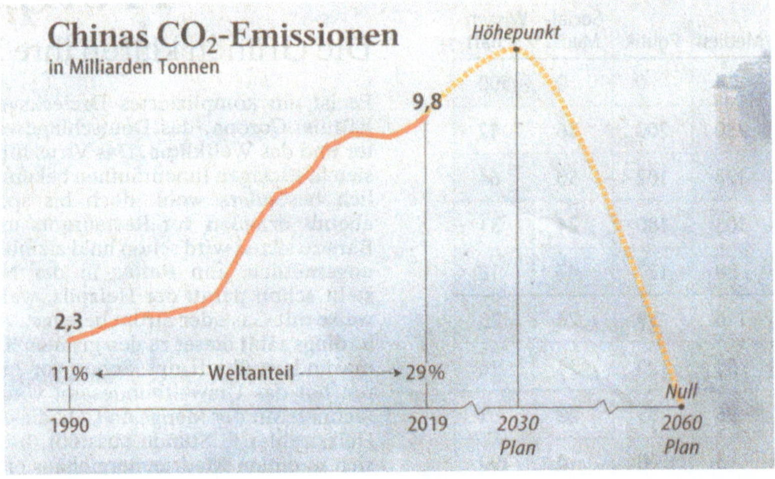

China ist mit 1,4 Milliarden Menschen das bevölkerungsreichste Land und die zweitgrößte Volkswirtschaft. China will bis 2060 klimaneutral werden. Das Maximum der CO_2-Emissionen soll 2030

(möglichst schon vorher) erreicht sein. Im Zentrum der Politik der herrschenden chinesischen KP steht das **Wohlstandsversprechen.** Dieses Versprechen will die Staatsführung unbedingt einlösen. Deshalb ist nicht damit zu rechnen, dass China seine Klimazusagen deutlich verschärfen wird.

Die USA: Der neue Präsident Biden ist ein Befürworter des Klimaschutzes: Die Vereinigten Staaten sollen bis 2050 klimaneutral werden. Präsident Biden will die Treibhausgas-Emissionen der USA bis 2030 halbieren (im Vergleich zu 2005). Fraglich ist allerdings, ob der Kongress den erforderlichen Klimaschutz-Gesetzen zustimmen wird. An dieser Hürde waren schon seine Vorgänger Clinton und Obama gescheitert. Es ist zu hoffen, dass Präsident Biden mehr Erfolg haben wird.

Die Europäische Union ist Vorreiter beim globalen Klimaschutz. Sie hat sich gesetzlich verpflichtet, bis 2050 klimaneutral zu werden und – als Zwischenschritt – bis 2030 die Treibhausgas-Emissionen um 55 Prozent gegenüber dem Basisjahr 1990 zu reduzieren. Mit dem Programm „Fit for 55" hat die EU-Kommission Vorschläge unterbreitet, wie die ehrgeizigen Ziele erreicht werden sollen (s. Kap. IV).

Indien ist mit 1.39 Milliarden Einwohnern fast so bevölkerungsreich wie China. Trotz der großen sozialen Unterschiede, die das Land prägen, ist die indische Wirtschaft auf Wachstumskurs. Man geht davon aus, dass die CO_2-Emissionen Indiens die der EU mittelfristig übertreffen werden.

Russland will bis 2060 klimaneutral werden. Das kündigte Präsident Putin im Oktober 2021 an. Damit folgt Russland dem Beispiel Chinas. Bislang hatte Putin den von Menschen verursachten Klimawandel in Zweifel gezogen. Offenbar hat Russland einen Kurswechsel vollzogen (WELT vom 14.10.2021).

Es gibt **unterschiedliche Konzepte**, wie die Klimaziele erreicht werden können. Sie sollten praktisch durchführbar und bezahlbar sein. Die Präsidentin der EU-Kommission von der Leyen formulierte zutreffend wie folgt: „Unser Ziel ist, dass wir unseren Planeten erhalten wollen, aber wir wollen auch unseren Wohlstand erhalten" (BMWi, Energiewende direkt 8/2021).

Im Folgenden werden die unterschiedlichen Klimaschutz-Konzepte darauf hin untersucht, in wieweit sie den genannten Ansprüchen gerecht werden.

CO_2-Bepreisung:

Die Idee, die Emission von CO_2 kostenpflichtig zu machen und dadurch zur Reduktion der CO_2-Emissionen beizutragen, ist bereits seit vielen Jahren Grundlage des Europäischen Emissionshandels (ETS). Allerdings war der CO_2-Preis, wie in Kap. IV dargestellt, in der Vergangenheit nur moderat.

Im Jahr 2019 – also vor der Corona-Krise – fand eine breite Diskussion darüber statt, ob der Emissionshandel das wirksamste Instrument im Kampf gegen den Klimawandel sei und daher ausgeweitet werden solle. Eine Umfrage unter 160 Wirtschaftswissenschaftlern ergab folgendes: Das Handelssystem mit Zertifikaten wurde von den Befragten mit Abstand als das effizienteste Instrument angesehen. An zweiter Stelle lag die Zustimmung zu einer nationalen CO_2-Steuer. Von mehr Ordnungsrecht (Gebote, Verbote) zum Schutz des Klimas hielten die meisten Ökonomen wenig (FAZ vom 19.7.2019). Auch die „Wirtschaftsweisen" plädierten in einem Sondergutachten für einen umfassenden europäischen Emissionshandel. Ähnlich äußerte sich der Wissenschaftliche Beirat beim Bundes-Wirtschaftsministerium (FAZ, a.a.O.).

Bei so viel Zustimmung der Wissenschaft zur CO_2-Bepreisung verwundert es nicht, dass auch viele Politiker diese Position einnehmen. So äußerte sich der FDP-Vorsitzende Lindner in der WELT am SONNTAG vom 13.6.2021 wie folgt: „Es reicht eine zentrale Vorgabe: wie viel CO_2 im Jahr ausgestoßen werden darf… Wer CO_2 ausstoßen will, muss im CO_2-Emissionshandel Erlaubnisscheine erwerben, die von Jahr zu Jahr weniger und damit teurer werden. Wer hingegen besonders viel CO^2 spart, muss weniger Zertifikate kaufen und spart Geld.“

Ob die CO_2-Bepreisung tatsächlich der Erfolg versprechende Weg zu mehr Klimaschutz ist, wird im folgenden anhand von Beispielen näher untersucht.

Beispiel Kohleausstieg:

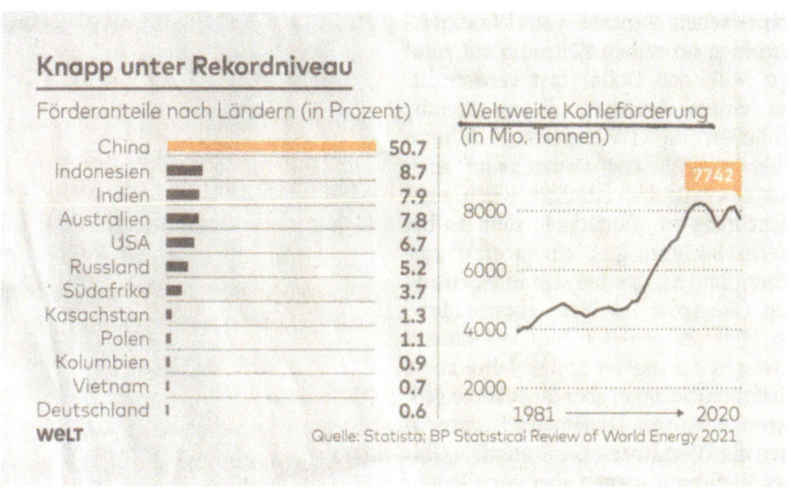

Kohle ist von den fossilen Energieträgern der klimaschädlichste Brennstoff. Deutschland hat an der weltweiten Förderung von Kohle einen Anteil von 0,6 Prozent (s. obige Grafik). Die Verstromung von

Stein- und Braunkohle spielt beim deutschen Strommix allerdings noch eine bedeutende Rolle (2021).

Die Kohleverstromung wird nach derzeitiger Rechtslage im Jahr 2038 enden. Entscheidend für unsere Betrachtung ist die Tatsache, **dass die CO_2-Bepreisung beim Kohleausstieg praktisch keine Rolle spielt.** Vielmehr handelt es sich um eine **klimapolitische Entscheidung**. Sie wurde durch die „Kohlekommission" vorbereitet – einem Gremium mit 28 Mitgliedern aus Politik, Wirtschaft, Gewerkschaften, Umweltverbänden und Wissenschaft. Die „Kohlekommission" machte im Januar 2019 detaillierte Vorschläge, wie bis 2038 schrittweise aus der Verstromung von Stein- und Braunkohle auszusteigen sei. Die Vorschläge wurden im Jahr 2020 im **Kohleausstiegsgesetz** und weiteren Gesetzen weitgehend übernommen. Der Ausstieg kostet den Steuerzahler mindestens 40 Milliarden Euro (Vorruhestandsregelungen, Entschädigung der Kraftwerksbetreiber und vor allem Strukturhilfen für die betroffenen Regionen).

Die Verfechter der CO_2-Bepreisung kritisieren den im Kohleausstiegsgesetz beschrittenen Weg. Sie glauben, dass eine verschärfte CO_2-Bepreisung der Kohleverstromung ohnehin den Garaus gemacht hätte. Die Politik hat jedoch anders entschieden. Ihr ging es darum, den Verlust von Arbeitsplätzen – insbesondere in Ostdeutschland – mit der Schaffung von neuen Arbeitsplätzen unmittelbar zu verknüpfen. Das erscheint auch sinnvoll: Beim bloßen Anstieg des CO_2-Preises wäre die zentrale Frage der Ersatz-Arbeitsplätze unbeantwortet geblieben.

In dem „Sondierungspapier" von SPD, Grünen und FDP (Oktober 2021) heißt es zum Kohleausstieg: „Idealerweise gelingt das schon bis 2030." Auch dieses geplante Vorziehen des Kohleausstiegs ist keine Marktreaktion in einem vorgegebenen ordnungsrechtlichen Rahmen, wie es den Verfechtern der CO_2-Bepreisung vorschwebt.

Vielmehr handelt es sich erneut um eine rein klimapolitische Entscheidung.

Beispiel energieintensive Industrie:

Die energieintensiven Unternehmen in der EU mussten bislang nur einen moderaten Zertifikatspreis (Zahlung pro emittierte Tonne CO_2) entrichten (s. Grafik in Kap. IV). Die EU-Kommission schlägt nun in ihrem Programm „Fit for 55" eine erhebliche Verschärfung des Emissionshandels vor, indem der Cap, d.h. die einzuhaltende CO_2-Obergrenze, viel stärker gekürzt wird als bisher. Dadurch soll der Zertifikatspreis stark ansteigen.

Viele energieintensive Betriebe könnten dadurch gezwungen sein, in Staaten außerhalb der EU abzuwandern, um wettbewerbsfähig zu bleiben. Die EU-Kommission will die Abwanderung der Unternehmen (Carbon Leakage) durch CO_2-Grenzzölle verhindern. Wie in Kap. IV näher erläutert, hilft ein CO_2-Grenzausgleich den Unternehmen jedoch nur auf dem europäischen Heimatmarkt, nicht aber auf dem Weltmarkt. Es ist unwahrscheinlich, dass sich die großen Volkswirtschaften auf einen einheitlichen ambitionierten Emissionshandel einigen und so die Wettbewerbsverzerrungen vermeiden würden.

Fazit: Ein erheblich verschärfter CO_2-Emissionshandel birgt ein hohes Carbon-Leakage-Risiko und damit ein unkalkulierbares Risiko für die Arbeitsplätze in der EU.

Beispiel Mobilität:

Auch im Sektor Verkehr wird das Konzept der CO_2-Bepreisung angewandt:

- Nach dem **Brennstoffemissionshandelsgesetz** werden Kraftstoffe in Deutschland künstlich verteuert – z.B. Benzin um 5,7 ct/l in 2021; der Aufschlag steigert sich auf 14,82 ct/l in 2025.

- Die EU-Kommission will in ihrem Programm „Fit for 55" im Jahr 2026 einen europaweiten Emissionshandel für den Verkehrssektor einführen.

Ziel ist die Durchsetzung der **Elektromobilität** in der EU. Man kann davon ausgehen, dass dieses Ziel erreicht wird. Denn weitere wichtige Maßnahmen dienen zusätzlich zur CO_2-Bepreisung der Einführung der E-Mobilität:

- hohe Kaufprämien für Elektroautos

- staatliche Förderung der Infrastruktur für Ladesäulen (auch von Wasserstoff-Tankstellen, s. Kap. IV)

- Ab 2035 werden in der EU keine Neuwagen mit Verbrennungsmotor mehr zugelassen (Vorschlag der EU-Kommission).

- Die Autobauer machen aktiv mit – auch wegen hoher Strafzahlungen bei Überschreiten der CO_2-Grenzwerte.

Bei der Mobilitätswende sollte die **soziale Komponente** beachtet werden. Das gilt sowohl für das Tanken als auch für die Anschaffung eines PKW. Geringverdiener sind darauf angewiesen, dass Autofahren bezahlbar bleibt. 80 Prozent der Rentner verdienen monatlich weniger als 1500 Euro (Anfrage der Linken, 2021). Ihnen würde auch eine Rückzahlung der CO_2-Entgelte an die Gesamtbevölkerung nicht viel helfen. Man diskutiert einen Betrag von 75 Euro/ Jahr (bei hohem Verwaltungsaufwand!).

Noch eine Bemerkung zum **öffentlichen Nahverkehr**, der in der Klimadiskussion eine wichtige Rolle spielt. Der ÖPNV ist vor allem im ländlichen Raum unterentwickelt. Da man nicht jedes Dorf an das Schienennetz anbinden kann, müsste der Busverkehr attraktiver werden. Busse müssten wesentlich häufiger und preiswerter fahren. Das kostet die Kommunen, die in der Regel Träger der Verkehrsgesellschaften sind, viel Geld. Städte und Gemeinden müssten also finanziell besser ausgestattet werden.

Die Betrachtung des Verkehrssektors zeigt, dass die CO_2-Bepreisung hier eine untergeordnete Rolle spielt. **Die soziale Komponente setzt der CO_2-Bepreisung im Verkehrssektor enge Grenzen.**

Zum Stand der Mobilitätswende in Deutschland s. nachfolgendes Schaubild (BMWi, Energiewende direkt 9/2021)

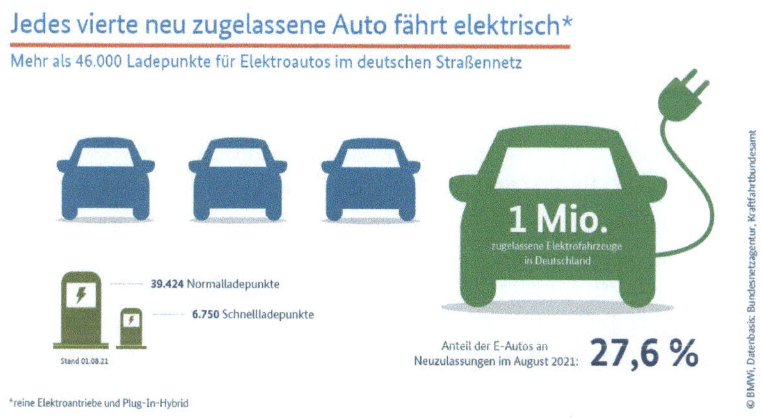

Kommen wir zur Ausgangsfrage zurück: Ist die CO_2-Bepreisung der „Königsweg" aus der Klimakrise? Das ist offensichtlich nicht der Fall, wie die oben beschriebenen Beispiele zeigen: Beim Kohleausstieg hat die Politik die CO_2-Bepreisung nicht als Lösung angesehen. Was die energieintensive Industrie anlangt, droht im Fall einer deutlichen Verschärfung des EU-Emissionshandels die Abwanderung der Betriebe. Bei der Mobilitätswende schließlich spielt die CO_2-Bepreisung nur eine untergeordnete Rolle.

Letztlich leidet das Konzept der CO_2-Bepreisung an einem Dilemma: Setzt man den CO_2-Preis moderat an, wie es derzeit der Fall ist, unterstützt er die Klimapolitik, verhilft ihr aber nicht zum Durchbruch. Setzt man den CO_2-Preis hoch oder sehr hoch an, wird die Klimapolitik unsozial. Der Großteil der Bevölkerung mit geringem oder nur mäßigem Einkommen würde finanziell überfordert. Das könnte für politischen Zündstoff sorgen.

Nationale Klimaschutzgesetze

Die Europäische Union hat aufgrund ihrer Zuständigkeit für die Klimaschutz- und Energiepolitik (Art. 191 bis 194 AEUV) im Laufe der Zeit ein umfassendes Regelwerk für die genannten Bereiche geschaffen. Das Klimaschutzgesetz 2021 enthält für Deutschland weitere Vorschriften, die den von der EU geschaffenen Rahmen ausfüllen. Wichtige Neuerungen des Klimaschutzgesetzes 2021 sowie der flankierenden Maßnahmen sind nachstehend zusammengefasst.

Das Klimaschutzgesetz 2021: Das Gesetz wurde vom Bundestag am 24.6.2021 beschlossen und **verfolgt das Ziel, Deutschland zum weltweit ersten klimaneutralen Wirtschaftsraum zu machen.**

Neue Treibhausgas-Minderungsziele für Deutschland:

- 65 % bis 2030 gegenüber 1990 (bisher 55 %)

- 88 % bis 2040 gegenüber 1990 (bisher kein verbindliches Ziel)

- Treibhausgas-Neutralität bis 2045 (bisher 2050)

Flankierendes Maßnahmenprogramm:
Mit dem Klimaschutzgesetz wurden Maßnahmen beschlossen, die zur Erreichung der Ziele beitragen sollen; sie tangieren zahlreiche Fachgesetze:

- **Anhebung der Ausschreibungsmengen:** Für 2022 werden die Ausschreibungsmengen bei Windkraft an Land um 1,1 GW auf 4 GW angehoben und bei Photovoltaik um 4,1 GW auf 6 GW. Die Ausschreibungsmengen für spätere Jahre werden sich nach den Ausbauzielen der EU für erneuerbare Energien richten, die noch beschlossen werden müssen.

- **Repowering:** Das Repowering (Austausch alter Windkraftanlagen durch neue, leistungsfähigere Anlagen) wird erleichtert. Wenn das Ersetzen der alten Anlagen zu einer Verbesserung für die Umwelt führt, soll eine Genehmigung ohne Weiteres möglich sein.

- **PV-Freiflächenanlagen:** Für Freiflächenanlagen sollen mehr Ackerflächen zur Verfügung stehen. Um die Akzeptanz bei den Kommunen zu erhöhen, können sie an den Einnahmen der Anlagen beteiligt werden (mit bis zu 0,2 ct/kWh).

- **Grüner Wasserstoff:** Unternehmen, die grünen (d.h. aus erneuerbaren Energien erzeugten) Wasserstoff nutzen, sind künftig von der EEG-Umlage befreit.

Besonders kritikwürdig ist folgende Regelung im deutschen Klimaschutzgesetz: Für die Sektoren Energie, Industrie, Verkehr, Gebäude, Landwirtschaft und Abfallwirtschaft gelten jeweils eigene zulässige Jahres-Emissionsmengen. Diese **Jahres-Emissionsmengen** werden in den folgenden Jahren kontinuierlich gekürzt. Wenn in einem Sektor der zulässige Emissionsausstoß überschritten wird, muss das zuständige Fachministerium mit Sofortmaßnahmen gegensteuern. Zu Recht kritisiert Löschel die verbindlichen Emissionsziele auf sektoraler Ebene in Jahresschritten. „Wir dürfen nicht zu kleinteilig werden, sondern sollten europäischer denken" (Löschel in FAZ vom 15.7.2021).

Die kleinteiligen Zielvorgaben des Klimaschutzgesetzes wurden im Jahr 2020 – mit Ausnahme des Gebäudesektors – allerdings eingehalten. Dieser Erfolg war jedoch auf die Ausnahmesituation der Corona-Krise zurückzuführen. Wegen der Pandemie und der damit verbundenen Einschränkungen gingen im Jahr 2020 die deutschen Treibhausgas-Emissionen um 8,7 Prozent zurück (BMWi, Energiewende direkt 3/2021).

Das wird sich in den folgenden Jahren mit der Wiederbelebung der Wirtschaft und der Lockerung der Einschränkungen ändern. Die für die einzelnen Sektoren zuständigen Fachminister werden vor kaum lösbaren Problemen stehen. Wie soll z.B. der Verkehrsminister sein kleiner werdendes CO_2-Kontingent einhalten, wenn nicht in Berlin, sondern in Brüssel und andernorts weitgehend über die Klimafreundlichkeit des Verkehrs entschieden wird? Sektorspezifische, nationale CO_2-Vorgaben sind **Ausdruck einer Plan- und Mangelwirtschaft**, die sich als nicht zielführend erweisen wird.

Einen neuen, positiven Ansatz auf nationaler Ebene enthält das bereits erwähnte „Sondierungspapier" von SPD, Grünen und FDP (Oktober 2021). Dort werden hohe Abschreibungen für Investitionen in den Klimaschutz vorgeschlagen. Solche **steuerlichen Anreize** sind ein wesentlich besseres Instrument als Gebote oder Verbote. Positiv zu erwähnen ist auch die angestrebte **Verkürzung von Planungsverfahren**. Das „Sondierungspapier" spricht sogar von einer zeitlichen Halbierung der Verfahren.

Das Konzept des Bundesverfassungsgerichts

Das Bundesverfassungsgericht (BVerfG) hat sich in seinem Beschluss vom 24.3.2021 (1BvR2656/18) mit Verfassungsbeschwerden gegen das Klimaschutzgesetz 2019 befasst. Die Verfassungsbeschwerden hatten Erfolg. Die Richter urteilten, dass das Klimaschutzgesetz 2019 den Bundesbürgern bis 2030 ein zu hohes CO_2-Budget zugesteht, sodass der Generation ab 2030 nur noch ein unverhältnismäßig kleines CO_2-Budget zur Verfügung stehen würde.

Die Gedankenfolge des BVerfG im Einzelnen:

- Ausgangspunkt ist das Pariser Klimaschutzabkommen. Es gibt das Ziel vor, den globalen Temperaturanstieg auf 1,5 °C gegenüber dem vorindustriellen Niveau zu begrenzen (s. Kap. III).

- Um dieses Ziel zu erreichen, darf nur noch eine bestimmte Menge an CO_2-Emissionen in die Atmosphäre gelangen (CO_2-Restbudget). Laut IPCC-Bericht 2021 dürfen nur noch 500 Milliarden Tonnen Treibhausgase emittiert werden, wenn man die Erderwärmung auf 1,5 °C begrenzen will (s. Kap. II). Es ist allerdings sehr schwierig, das CO_2-Restbudget exakt zu bestimmen. Das zeigt ein Rückblick: Ein IPCC-Sonderbericht vom Oktober 2018 ging bereits der Frage nach, ob und wie das 1,5 °-Ziel erreicht werden kann. Der Sonderbericht kam zu dem Ergebnis, dass die angestrebte Obergrenze von 1,5 °C Erderwärmung in der Zeit zwischen 2030 bis 2052 erreicht werde. Vor dem Sonderbericht hatte der IPCC angenommen, dass das CO_2-Restbudget für 1,5 °C bereits 2018 ausgeschöpft sei. Die Autoren des Sonderberichts hatten nämlich die Kapazität der Atmosphäre für die Lagerung von CO_2 neu berechnet (FAZ, die WELT, SZ vom 9.10.2018).

- Aus dem globalen CO_2-Restbudget leitet das BVerfG ein **nationales CO_2-Restbudget** ab. Es beträgt derzeit knapp 6 Gigatonnen. Im Jahr 2020 wurden in Deutschland 739 Millionen Tonnen Treibhausgase (also rd. 0,7 Gigatonnen) freigesetzt. Bei gleichbleibenden CO_2-Emissionen würde das deutsche CO_2-Restbudget demnach nicht einmal 10 Jahre reichen.

- Das BVerfG legt darüber hinaus Wert auf die Feststellung, dass das verbliebene Karbon-Budget gerecht aufgeteilt werden muss. Der Gesetzgeber müsse dafür sorgen, dass die Reduktionslasten über die Zeit und zwischen den Generationen gerecht verteilt werden – s. hierzu den folgenden Auszug aus dem Urteil des BVerfG.

„[192] … Die Grundrechte verpflichten den Gesetzgeber, die nach Art. 20 a GG verfassungsrechtlich notwendigen Reduktionen von CO_2-Emissionen bis hin zur Klimaneutralität vorausschauend so zu gestalten, dass die damit verbundenen Freiheitseinbußen trotz steigender Klimaschutzanforderungen weiterhin zumutbar ausfallen und die Reduktionslasten über die Zeit und zwischen den **Generationen nicht einseitig zulasten der Zukunft** verteilt sind. Aus dem Gebot der Verhältnismäßigkeit folgt, **dass nicht einer Generation zugestanden werden darf, unter vergleichsweise milder Reduktionslast große Teile des CO_2-Budgets zu verbrauchen**, wenn damit zugleich den nachfolgenden Generationen eine … radikale Reduktionslast überlassen und deren Leben schwerwiegenden Freiheitseinbußen ausgesetzt würde. Zwar können selbst gravierende Freiheitseinbußen künftig zum Schutz des Klimas verhältnismäßig und gerechtfertigt sein; gerade aus dieser künftigen Rechtfertigbarkeit droht ja die Gefahr, erhebliche Freiheitseinbußen hinnehmen zu müssen. Weil die **Weichen für künftige Freiheitsbelastungen** aber bereits durch die aktuelle Regelung zulässiger Emissionsmengen gestellt werden, muss deren Auswirkung auf künftige Freiheit aus heutiger Sicht und zum jetzigen Zeitpunkt – in dem die Weichen noch umgestellt werden können – verhältnismäßig sein."

Das Urteil des BVerfG hat eine rege Diskussion ausgelöst. Die Stellungnahmen sind sehr unterschiedlich, wie nachfolgende Beispiele zeigen:

Krauel bewertet den Richterspruch positiv: Das Urteil sei als „Startschuss für einen Umbau auf allen Gebieten der Politik, der Wirtschaft und des Alltags gemeint. Dieser Umbau ist nach Meinung der Richter für die Grundrechte nicht existenzgefährdend, wenn er sofort beginnt." Die Richter – so hebt Krauel hervor – wollen keine ökodiktatorische Kommandowirtschaft. Vielmehr setzen sie auf die Kreativität und Einsichtsfähigkeit der Menschen (WELT am SONNTAG vom 2.5.2021).

Kritisch wird der Beschluss des BVerfG von **Murswiek** gesehen. Er weist darauf hin, dass die deutschen Treibhausgas-Emissionen nur knapp 2 Prozent der weltweiten Emissionen ausmachen und dass die meisten anderen Staaten nichts oder viel zu wenig tun, um das Klimaproblem zu bewältigen. Vor diesem Hintergrund sei es verfassungsrechtlich falsch, von Deutschland die Einhaltung eines schmalen CO_2-Restbudgets zu verlangen. „Zu einem nationalen Alleingang", so Murswiek, „der für das Klima nichts bewirken kann, verpflichtet das Grundgesetz entgegen der Auffassung des BVerfG nicht... Zum Schutz der natürlichen Lebensgrundlagen können nationale CO_2-Emissionsbegrenzungen nicht rechtlich geboten sein, wenn sie evident nicht geeignet sind, die Erderwärmung aufzuhalten oder auch nur spürbar zu verringern." Im Übrigen sei ein deutscher Alleingang für Bürger und Unternehmen exorbitant kostspielig (Murswiek, die WELT vom 20.8.2021).

Ist das Konzept des BVerfG mit Europarecht vereinbar?
Diese Frage drängt sich auf, weil das BVerfG mit seinem schmalen, am 1,5 °-Ziel orientierten CO_2-Restbudget einen **nationalen Alleingang** vorschreibt. Das Verhältnis zwischen dem Gemeinschaftsrecht der EU und dem nationalen Recht der Mitgliedstaaten wird durch den **Vorrang des Gemeinschaftsrechts** bestimmt (Fischer, Europarecht, Rdnr. 222). Nach der Rechtsprechung des EuGH gilt der Vorrang europäischen Rechts auch für das Verfassungsrecht der Mitgliedstaaten (Fischer, a.a.O.).

Auf europäischer Ebene wurde die Klimaneutralität bis 2050 und als Zwischenschritt eine Treibhausgas-Minderung um 55 Prozent bis 2030 festgelegt. Das umfangreiche Programm „Fit for 55" dient der Ausführung dieser Ziele. Dieses Maßnahmenpaket ist derzeit noch ein Vorschlag der EU-Kommission. Es wird aber ein

verbindliches Gesamtkonzept, sobald EU-Parlament und Ministerrat – mit Änderungen – zugestimmt haben.

Es verträgt sich nicht mit dem in sich geschlossenen Gesamtkonzept der EU, wenn das BVerfG den deutschen Gesetzgeber zu einem wesentlich strikteren „national introvertierten Ansatz" (Formulierung Murswiek, a.a.O.) zwingt. Das europäische Konzept „Fit for 55" bedarf zwar nationaler Ausführungsbestimmungen. Aber ein deutsches CO_2-Restbudget, abgeleitet vom 1,5 °-Ziel des Pariser Abkommens, ist ein völlig andersartiger, nationaler Ansatz. **Er gefährdet den einheitlichen europäischen Wirtschaftsraum und damit ein Grundanliegen des europäischen Rechts.**

Sind Gemeinschaftsrecht und nationales Recht gleichzeitig auf einen Sachverhalt anwendbar und widersprechen einander inhaltlich, geht Gemeinschaftsrecht im Rang vor (Fischer, a.a.O.). Die Konzepte der EU und des BVerfG betreffen den gleichen Sachverhalt – den Klimaschutz in Deutschland. Sie widersprechen sich, wie dargestellt, inhaltlich. Folglich hat das EU-Konzept von Rechts wegen Vorrang.

Ist das Konzept des BVerfG politisch durchsetzbar?

Die Demokratie ist eine Staatsform, die auf die **Akzeptanz** ihrer Bürgerinnen und Bürger setzt. Das BVerfG leitet – das ist seine Grundidee – aus dem 1,5 °-Ziel des Pariser Abkommens für Deutschland ein schmales CO_2-Restbudget ab. Bei derzeitigen jährlichen CO_2-Emissionen von 0,7 Gigatonnen ist das Restbudget von knapp 6 Gigatonnen bald verbraucht. Daraus folgert das BVerfG, dass „selbst gravierende Freiheitseinbußen künftig zum Schutz des Klimas verhältnismäßig und gerechtfertigt" sein können (s. obigen Auszug aus dem Urteil). Die Frage ist, ob die Wählerinnen und Wähler hier mitmachen – z.B. bei Einschränkungen der Reisefreiheit. Sie könnten versucht sein, radikale Parteien zu wählen, die den Klimaschutz ablehnen. Das aber kann nicht gewollt sein.

Ein 50.000 km² umfassendes Solarprogramm

Die bisher dargestellten Konzepte liefern keinen überzeugenden Ansatz zur Lösung der Klimakrise. Viele Vorschläge entfernen sich zu sehr vom Ursprung des Problems: 80 Prozent der globalen Energieversorgung, die auf fossilen Brennstoffen basieren, müssen durch CO_2-freue Energieträger ersetzt werden. So gesehen ist offensichtlich der Vorschlag der EU-Kommission „Fit for 55" zielführend, den Anteil erneuerbarer Energien am europäischen Energiemix bis 2030 auf 40 Prozent zu steigern. Dieser Vorschlag trifft den Kern des Problems – die Nutzung fossiler Energien langfristig zu beenden.

Erfreulicherweise wird in der EU schon heute mehr Strom aus erneuerbaren Energien als aus fossilen Energieträgern erzeugt (World Nuclear Industry Status Report 2021). Das ändert aber nichts an der Tatsache, dass die Erneuerbaren an der gesamten Energieversorgung der EU nur einen Anteil von 19,7 Prozent haben (s. Kap. IV). Eine Steigerung von 19,7 auf 40 Prozent bis 2030 nur mit europäischen erneuerbaren Energiequellen ist bei realistischer Betrachtung nicht möglich. Deshalb ist es heute herrschende Meinung, **dass die EU im großen Stil CO_2-freie Energie importieren muss** (vgl. Preuß, BMWi, Energiewende direkt 9/2021; Reitzle, Auf dem Klimairrweg, 2021; Deutsche Sektion des Welt-Energierates, WELT vom 19.10.2018 u.a.). Hierzu kann solarer Wasserstoff einen entscheidenden Beitrag leisten. Der Import von Solarenergie muss allerdings auf politischer Ebene organisiert werden. Diesem Anliegen dient der Vorschlag eines 50.000 km² umfassenden Solarprogramms.

So könnten die Details des Programms aussehen:

- Ziel ist die Umsetzung des EU-Vorschlags („Fit for 55), 40 Prozent erneuerbare Energie bis 2030 am europäischen Energieverbrauch zu erreichen. Die **organisatorische Federführung** sollte bei der **EU-Kommission** liegen. Denn es geht um die Realisierung ihres Anliegens.

- Weitere wichtige Akteure sind **die Energieversorger**, die bei der Erzeugung, dem Transport und dem Import von Solarenergie (grünem Wasserstoff) mitzuwirken bereit sind, und **die Lieferländer**. Als Lieferländer kommen alle Staaten in Betracht, die über große, ungenutzte, sonnenreiche Flächen verfügen. Preuß nennt a.a.O. Australien, Afrika und die arabischen Länder. Das Bundes-Forschungsministerium setzt auf Partnerschaften mit Süd- und Westafrika sowie mit Australien (WELT vom 30.9.2021). Letztlich sind viele Weltregionen geeignet. Das zeigt das Beispiel Chile (s. hierzu Näheres in Kap. VII).
Die Motivation der Lieferländer, am Solarprogramm teilzunehmen, kann nur – neben dem Klimaschutz – finanzieller Art sein: Das können Pachteinnahmen für die zur Verfügung gestellten Flächen sein. Hinzu kommen Einnahmen aus dem Betrieb/der Beteiligung an Elektrolyse-Anlagen.
An dem 50.000 km^2-Programm sollten sich **viele Staaten** beteiligen. Denn die globale Wasserstoff-Wirtschaft, die letztlich das Ziel ist, muss ausreichend diversifiziert sein. Dadurch werden einseitige Abhängigkeiten vermieden.

- Wenn man einen globalen Markt für Solarenergie schaffen will, können nur Schiffe (Wasserstoff-Tanker) das maßgebende Transportmittel sein – vergleichbar den Erdöl-Tankern des Erdöl-Zeitalters. Der grüne, auf Solarstrom basierende Wasserstoff muss in den Lieferländern erzeugt werden. Sie sind der richtige Standort für die Elektrolyse-Anlagen (wie hier die WELT vom 27.2.2021). Dass Stromerzeugung und Elektrolyse räumlich zusammengehören, zeigt auch die von RWE in Lingen geplante 100 MW Elektrolyse-Anlage, die norddeutschen Windstrom verarbeitet.

- Für die **Finanzierung** des 50.000 km²-Solarprogramms sind primär die Banken zuständig. Hier wirkt sich positiv aus, dass Investitionen in nachhaltige Infrastruktur-Projekte derzeit von Investoren bevorzugt werden. Das Geld ist dort besser angelegt als in Staatsanleihen.

- Nun zu den **Abnehmerstaaten**: Das sind bei dem hier vorgeschlagenen Konzept die Mitgliedstaaten der EU. Die Technologie des grünen Wasserstoffs steckt noch in den Kinderschuhen und ist dementsprechend teuer. **Eine staatliche Subventionierung ist daher unumgänglich**. Die Europa-Parlamentarier Bentele und Pieper führen zutreffend aus: Weil die Preise für grünen Wasserstoff selbst dort, wo er günstig produziert werden kann, höher seien als die Preise, die Unternehmen derzeit bereit sind, für den Wasserstoff zu zahlen, müsse der Steuerzahler die Differenz ausgleichen (WELT vom 14.8.2021).
Man erinnere sich daran, dass die Solar- und Windenergie erst durch staatliche Subventionen groß geworden sind. Dieser Weg muss nun auch beim grünen Wasserstoff beschritten werden. Als Finanzierungsquelle eignen sich die derzeit moderaten und in ihrer Höhe vertretbaren CO_2-Abgaben.

- Der nächste Schritt ist die **Verteilung des grünen Wasserstoffs innerhalb der Mitgliedstaaten**. In Deutschland eignet sich hierzu das vorhandene Erdgasnetz. Man kann nämlich den Anteil des Wasserstoffs im Erdgasnetz systematisch erhöhen und letztlich das Erdgas ersetzen. Will man den grünen Wasserstoff in Strom umwandeln, steht hierfür auch die Brennstoffzellen-

Technologie zur Verfügung. In Staaten ohne ein Erdgasnetz sind Wasserstoff-Leitungen notwendig.

Generell sollte man von einer staatlichen Priorisierung des grünen Wasserstoffs auf bestimmte Industrie- und Verkehrsbereiche absehen. Denn es geht jetzt primär darum, die Wasserstoff-Technologie in die nötige Größenordnung zu bringen, um sie zu verbilligen.

- Das hier vorgeschlagene Konzept basiert nur zum kleineren Teil auf staatlichen Regelungen. Im Vordergrund steht die internationale Zusammenarbeit. Die Akteure müssen in einem Vertragswerk zueinander finden.

Eine Bewertung des 50.000 km^2-Solarkonzepts:

Die Politik verfolgt das Ziel der Klimaneutralität bis 2050. Die Europäische Union schreibt sie sogar rechtsverbindlich vor. Um den Welt-Strombedarf zu decken, müsste in den Wüsten Nordafrikas eine Fläche von 300 km x 300 km (90.000 km^2) mit Solarzellen bestückt werden (Deutsche Gesellschaft für Luft- und Raumfahrt, 3 Sat, 2.9.2021). So gesehen scheint das vorgeschlagene 50.000 km^2 Solarprogramm sehr ambitioniert zu sein. Man muss jedoch bedenken, dass die Dekarbonisierung auch große Bereiche jenseits der Elektrizität erfassen muss. Die grüne Wasserstoff-Technologie muss auch Erdöl (Benzin, Diesel), Erdgas (Heizungen u.a.) und die Kohle (z.B. in Stahlwerken) ersetzen. Deshalb ist das 50.000 km^2-Solarprogramm zwar ein wichtiger, aber nur erster Schnitt zur Klimaneutralität.

Würde das Konzept einer fortschreitenden CO_2-Bepreisung einen ebenso großen Beitrag zum Klimaschutz leisten? Das ist eindeutig zu verneinen. **Wenn CO_2-relevante Handlungen und Produkte immer teurer werden, entsteht dadurch ein Mangel an bezahlbarer Energie, aber keineswegs von selbst die Lösung des Klimaproblems.** Die Überlegungen zu einem 50.000 km^2-Solarprogramm zeigen, wie komplex die Bedingungen sind, die erfüllt sein müssen, um eine CO_2-freie Energieversorgung zu etablieren. Diese Bedingungen muss die Politik in Zusammenarbeit mit weiteren Akteuren liefern. Das Konzept der CO_2-Bepreisung stammt aus einer Zeit, als es die preiswerte Solar- und Windenergie noch nicht gab und daher als bezahlbare Alternative nicht zur Debatte stand. **Die starke Verbilligung des Solar- und Windstroms hat eine neue Lage geschaffen**. Das Konzept der kontinuierlich steigenden CO_2-Preise ist durch die technologische Entwicklung überholt.

Für den Import von grünem Wasserstoff in großen Mengen spricht noch eine weitere Überlegung: Viele Wüstenstaaten sind auf die Einnahmen aus dem Verkauf von Öl und Gas existenziell angewiesen. Die Einnahmen aus dem Solargeschäft sind der Ersatz für das aus Klimagründen wegfallende Öl- und Gasgeschäft. Ohne diesen Ersatz droht vielen Wüstenstaaten der finanzielle Kollaps – mit Folgen auch für Europa (Flüchtlingsströme).

Im Übrigen sollte auch **Russland** in eine künftige Wasserstoff-Wirtschaft eingebunden werden, indem die Erdgaslieferungen sukzessive durch Wasserstoff abgelöst werden. Russland als flächengrößter Staat der Welt verfügt über riesige sonnen- und windreiche Gebiete und eignet sich von daher hervorragend für die Produktion des grünen Wasserstoffs. Das Land will bis 2060 klimaneutral werden. Russland hat sich ungeachtet politischer Spannungen – z.B. auch in den Zeiten des Kalten Krieges – als zuverlässiger Energiepartner erwiesen.

Fazit: Bei der Klimaschutz- und Energiepolitik gibt es **zwei grundlegend unterschiedliche Ansätze**: auf der einen Seite das offensive Konzept, bei dem mit internationaler Zusammenarbeit die großen Möglichkeiten der Solar- und Windenergie und des grünen Wasserstoffs genutzt werden; auf der anderen Seite eine Energie-Mangelwirtschaft. Bei ihr werden die unerschöpfliche und preiswerte Solar- und Windenergie nur unzureichend genutzt. Der dadurch entstehende Engpass wird mit Einschränkungen von Freiheitsrechten verwaltet. Ich bin bin mir sicher, dass die Bürgerinnen und Bürger am Ende nur den offensiven, vor allem auf Solarenergie gestützten Klimaschutz akzeptieren werden.

Über den Autor

Wolfgang Fröhling ist verheiratet und hat drei Kinder. Nach Studium der Rechtswissenschaft und Promotion leitete er das Rechtsamt einer Kreisverwaltung in NRW. Seit 1989 ist der Autor Professor für Umweltrecht und Umweltpolitik an der Hochschule für Polizei und öffentliche Verwaltung NRW. Zahlreiche Veröffentlichungen – u.a. „Umweltschutz – Grundlagen moderner Ökologie" (Fortis Verlag, 1998) – zeigen sein wissenschaftliches Engagement.

Für den Autor ebenso wichtig sind seine praktischen Erfahrungen in zahlreichen kommunalen Gremien. So ist er seit drei Jahrzehnten Mitglied im Umweltausschuss des Rates der Stadt Koblenz. Wolfgang Fröhling machte die Erfahrung, dass zwischen Theorie, Gesetzgebung und praktischer Verwirklichung eine immense Kluft besteht. Klimaschutz muss realitätsnah sein. Das zu vermitteln, ist das Anliegen des Autors und seines neuen Buches.